Primeiros princípios metafísicos da Doutrina do Direito

Dados Internacionais de Catalogação na Publicação (CIP)
(Câmara Brasileira do Livro, SP, Brasil)

Kant, Immanuel, 1724-1804.
  Primeiros princípios metafísicos da doutrina do direito / Immanuel Kant ; tradução Clélia Aparecida Martins. – Petrópolis, RJ : Vozes, 2019. – (Vozes de Bolso)

  Título original : Metaphysische Anfangsgründe der Rechtslehre.
  ISBN 978-85-326-6081-7

  1. Direito – Filosofia 2. Ética I. Título. II. Série.

19-24448   CDD-340.12

Índices para catálogo sistemático:
1. Direito : Doutrina : Filosofia 340.12

Iolanda Rodrigues Biode – Bibliotecária – CRB-8/10014

Immanuel Kant

Primeiros princípios metafísicos da Doutrina do Direito

Tradução de Clélia Aparecida Martins

Revisão técnica de Bruno Nadai, Diego Kosbiau,
Fernando Costa Mattos, Monique Hulshof,
Nathalie Bressiani e Ricardo Terra
(Grupo de Traduções Kantianas)

Vozes de Bolso

Título do original em alemão: *Die Metaphysik der Sitten*
Erster Theil. Metaphysische Anfangsgründe der Rechtslehre

Tradução realizada a partir da edição da Academia Real de
Ciências da Prússia, em 1904.

© desta tradução:
2013, 2019, Editora Vozes Ltda.
Rua Frei Luís, 100
25689-900 Petrópolis, RJ
www.vozes.com.br
Brasil

Todos os direitos reservados. Nenhuma parte desta obra
poderá ser reproduzida ou transmitida por qualquer forma e/ou
quaisquer meios (eletrônico ou mecânico, incluindo fotocópia e
gravação) ou arquivada em qualquer sistema ou banco de dados
sem permissão escrita da editora.

CONSELHO EDITORIAL

Diretor
Gilberto Gonçalves Garcia

Editores
Aline dos Santos Carneiro
Edrian Josué Pasini
Marilac Loraine Oleniki
Welder Lancieri Marchini

Conselheiros
Francisco Morás
Ludovico Garmus
Teobaldo Heidemann
Volney J. Berkenbrock

Secretário executivo
João Batista Kreuch

Editoração: Maria da Conceição B. de Sousa
Diagramação: Sheilandre Desenv. Gráfico
Revisão gráfica: Nilton Braz da Rocha / Nivaldo S. Menezes
Capa: Ygor Moretti

ISBN 978-85-326-6081-7

Editado conforme o novo acordo ortográfico.

Este livro foi composto e impresso pela Editora Vozes Ltda.

Apresentação

A tradução que o leitor encontra em mãos é resultado de um trabalho conjunto. A tradução da primeira parte da *Metafísica dos costumes*, intitulada *Primeiros princípios metafísicos da Doutrina do Direito*, é de Clélia Aparecida Martins, com revisão técnica de Bruno Nadaì, Fernando Costa Mattos, Monique Hulshof, Nathalie Bressiani e Ricardo Terra, integrantes do Grupo de Traduções Kantianas.

Optou-se por tomar como base a edição de 1904 da Academia Real de Ciências da Prússia, cujas páginas do tomo VI são indicadas na margem. Embora se tenha optado por seguir a edição tradicional, disponível no site da Universidade de Bonn (http://www.korpora.org/kant/), deixa-se ao leitor a sugestão de consultar a edição alemã da *Metafísica dos costumes* feita por Bernd Ludwig, que propõe uma organização diferente do texto original da *Doutrina do Direito* (*Metaphysische Anfangsgründe der Rechtslehre*. Hamburgo: Felix Meiner, 1998).

O glossário que se encontra ao final do livro foi elaborado pelo Grupo de Traduções Kantianas. Decidiu-se apresentar apenas os termos considerados mais relevantes e cujas ocorrências foram uniformizadas. Não são apresentados no glossário, portanto, os termos que se permitiu variar conforme o contexto.

Na expectativa de que o leitor compreenda que o árduo trabalho de tradução permanece sempre aberto e à espera de sugestões e correções, indicamos a lista de traduções para diversas línguas que foram de grande valor durante a revisão técnica:

Português

Metafísica dos costumes. Parte I. Princípios metafísicos da Doutrina do Direito. Trad. de Artur Morão. Lisboa: Edições 70, 2004.

Metafísica dos costumes. Parte II. Princípios metafísicos da Doutrina da Virtude. Trad. de Artur Morão. Lisboa: Edições 70, 2004.

Metafísica dos costumes. Trad. de José Lamego. Lisboa: Ed. Calouste Gulbenkian, 2005.

Francês

Métaphysique des Moeurs. Première Partie. Doctrine du Droit. Trad. de Alexis Philonenko. Paris: Vrin, 1971.

Métaphysique des Moeurs. Deuxième Partie. Doctrine de la Vertu. Trad. de Alexis Philonenko. Paris: Vrin, 1996.

Métaphysique des Moeurs. Tome I. Fondaction. Introduction; Tome II. Doctrine du Droit. Doctrine de la Vertu. Trad. de Alain Renault. Paris: Flammarion, 1994.

Italiano

Metafisica dei Costumi. Trad. de Giuseppe Landolfi Petrone. Milão: Bompiani Il Pensiero Occidentale, 2006.

Primi principi metafisici della dottrina del diritto. Trad. de Filippo Gonnelli. Roma-Bari: Laterza, 2004.

Espanhol

Metafísica de los Costumbres. Trad. de Adela Cortina Orts y Jesús Conill Sancho. Madri: Tecnos, 2005.

Inglês

The Metaphysics of Morals. Trad. de Mary Gregor. Cambridge: Cambridge University Press, 1996.

//Prefácio[*]

À crítica da razão *prática* deveria seguir-se o sistema, a metafísica dos costumes, que se divide em primeiros princípios metafísicos da *doutrina do direito* e em princípios equivalentes para a *doutrina da virtude* (como uma contrapartida dos já publicados primeiros princípios metafísicos da *ciência da natureza*). Para tanto, a introdução que aqui se segue apresenta e torna clara, em parte, a forma do sistema em ambas.

Para a **doutrina do direito**, como a primeira parte da doutrina dos costumes, é requerido, pois, um sistema oriundo da razão que se poderia denominar a *metafísica do direito*. Mesmo enquanto conceito puro, porém, o conceito de direito é baseado na práxis (a aplicação aos casos que se apresentam na experiência) e, portanto, um *sistema metafísico* do mesmo precisaria levar também em conta, em sua divisão, a diversidade empírica daqueles casos para completar a divisão (o que é uma exigência imprescindível para a construção de um sistema da razão). No entanto, posto que a completude da divisão do *empírico* é impossível e que ali onde esta é buscada (ao menos de forma aproximativa) tais conceitos não podem entrar como partes integrantes no sistema, mas apenas

---

[*] As barras duplas indicam separação de página – conforme numeração lateral – da edição original da Academia Real de Ciências da Prússia, de 1904.

como exemplos nas anotações, então só será adequada para a primeira parte da *Metafísica dos Costumes* a expressão *primeiros princípios metafísicos da doutrina do direito*, visto que, em relação àqueles casos da aplicação, pode-se apenas esperar a aproximação ao sistema, não o sistema mesmo. Devido a isso, assim como nos (precedentes) primeiros princípios metafísicos da ciência da natureza, também aqui serão tratados: no texto, o direito, que pertence ao sistema esboçado *a priori*; e, nas // observações relativamente pormenorizadas, os direitos referidos a casos particulares da experiência. Pois do contrário não se conseguiria diferenciar bem o que é aqui metafísica do que é práxis empírica jurídica.

Da frequente acusação de obscuridade na apresentação filosófica, inclusive de uma persistente falta de clareza com aparência de profundo discernimento, não posso me prevenir ou remediar melhor do que aceitando de bom grado o que o Senhor Garve, um filósofo no puro sentido da palavra, imporia prontamente como dever a qualquer escritor, em especial ao que filosofa. E, de minha parte, limito-me a cumprir essa exigência, sob a condição de extrair consequências apenas na medida em que o permita a natureza da ciência que se trata de retificar e ampliar.

O sábio homem exige (em sua obra intitulada *Vermischte Aufsätze*, p. 352ss.), acertadamente, que toda doutrina filosófica – se o autor não quer aparecer como suspeito da obscuridade de seus conceitos – possa obter *popularidade* (sensibilização suficiente para a comunicação universal). Cedo a isso com prazer, exceção feita apenas ao sistema de uma crítica da faculdade racional mesma e de tudo que só pode ser reconhecido por meio desta sua determinação, porque isso pertence à distinção entre o sensível em nosso conhecimento e o suprassensível, a qual, todavia, é de competência da razão. Este sistema não pode nunca se tornar popular, tal como não o pode, em geral, nenhuma metafísica formal, ainda que seus resultados possam ser totalmente elucidados à sã razão (de um metafísico, sem o saber). Aqui não se deve ter em vista a popularidade (linguagem popular), mas é preciso insistir (pois é *linguagem de escola*) na *precisão* escolástica, ainda que esta tenha sido também censurada pela meticulosidade, porque apenas por meio disso a razão precipitada pode ser levada a entender-se a si mesma diante de suas afirmações dogmáticas.

Porém, se os *pedantes* se permitem falar ao público (nas cátedras e em escritos populares) com palavras técnicas que só são totalmente adequadas à escola, isto no entanto pode ser tão pouco um fardo para o filósofo crítico quanto o é para o gramático a insensatez do verbalista (*logodaedalus*). O escárnio, aqui, pode atingir somente o homem, não a ciência.

Soa arrogante, egoísta e, aos que ainda não tenham renunciado a seu antigo sistema, degradante, afirmar que "antes do surgimento da filosofia crítica não havia absolutamente nenhuma filosofia". // – Para poder negar esta aparente arrogância coloca-se a questão: *Poderia existir mais do que uma filosofia*? Não só houve distintos modos de filosofar e de remontar-se aos primeiros princípios da razão, para neles fundar um sistema com maior ou menor sorte, mas foi mesmo necessário que existissem muitas tentativas desse tipo, cada uma das quais tendo também seu mérito para a atual. Como, porém, objetivamente falando, só pode existir *uma* razão humana, então também não podem existir muitas filosofias, isto é, é possível apenas *um* verdadeiro sistema da mesma, ainda que, a partir de uma mesma proposição, se filosofe tão variada e às vezes contraditoriamente. Assim, o *moralista* diz com razão: só há *uma* virtude e *uma* doutrina sobre a virtude, quer dizer, um único sistema que une todos os deveres de virtude mediante um princípio; o *químico* diz: só há uma química (a de Lavoisier); o *farmacólogo*: há somente um princípio para o sistema de classificação das doenças (o de Brown), sem por isso – pelo fato de o *novo sistema* excluir todos os outros – reduzir o mérito dos antigos (moralistas, químicos e farmacólogos), pois sem esses seus descobrimentos, ou também sem seus intentos fracassados, não teríamos obtido aquela unidade do verdadeiro princípio de toda a filosofia em um sistema. – Logo, quando alguém anuncia um sistema da filosofia como sua própria produção, é exatamente como se dissesse: "antes desta filosofia nenhuma outra houve". Posto que, se ele quisesse admitir que teria existido outra (e verdadeira), então teriam existido sobre os mesmos objetos duas filosofias diferentes e verdadeiras, o que se contradiz. – Por conseguinte, se a filosofia crítica se anuncia como uma filosofia diante da qual nenhuma filosofia teria existido em qualquer lugar, ela nada mais faz do que fizeram, farão e precisarão fazer todos os que esboçam uma filosofia segundo seu próprio plano.

A censura de que uma parte essencialmente *distinta* dessa filosofia não seja, porém, seu próprio produto, mas algo emprestado de uma outra filosofia (ou matemática), teria *pouco* significado, mas não seria inteiramente sem importância. Assemelha-se a esta censura a descoberta que um recensor de Tübingen pretende ter feito, que diz respeito à definição da filosofia em geral que o autor da *Crítica da razão pura* faria passar como um produto seu, de importância nada pequena, e que foi, no entanto, formulada por outro há muitos anos, quase com as mesmas expressões[1]. // Deixo a cada um que julgue se as palavras *intellectualis quaedam constructio* poderiam produzir o pensamento da *exposição de um conceito dado em uma intuição a priori*, pelo qual a filosofia é definitiva e completamente distinguida da matemática. Estou seguro de que o próprio Hausen se teria negado a aceitar esta explicação de sua expressão. Afinal, a possibilidade de uma intuição *a priori*, e de que o espaço seja uma tal intuição e não uma mera justaposição do diverso heterogêneo dado à intuição empírica (percepção) (como Wolff o define), já o teria intimidado desde o princípio, pois com isso ele se sentiria perdido em investigações filosóficas que o levariam longe demais. Para esse sutil matemático, a construção realizada *de forma semelhante pelo entendimento* não significava senão o *traçado* (empírico) de uma *linha* correspondente a um conceito pela mera atenção à regra, mas do qual se abstraem os desvios inevitáveis na execução; como se pode perceber também, em geometria, na construção de equivalências.

A respeito do espírito dessa filosofia, entretanto, é de *ínfimo* significado a confusão que alguns imitadores seus ocasionam ao utilizar, na veiculação pública de seu pensamento, palavras que no interior da *Crítica da razão pura* não são substituíveis por outras de uso corrente; uma confusão que certamente merece ser condenada, tal como o faz o Senhor Nicolai, ainda que ele se resigne a não ter juízo sobre se tais palavras devem ser totalmente eliminadas em seu próprio campo, como se fossem uma mera pobreza encoberta por toda parte no pensar. – Contudo, pode-se rir com muito mais diversão do *pedante impopular* que do *ignorante acrítico* (pois, de fato, o metafísico que se agarra firmemente a seu sistema, sem levar em conta qualquer crítica, pode ser considerado da última classe, mesmo que só arbitrariamente *ignore* o que não quer tolerar por não pertencer à sua antiga escola). Mas se, conforme a afirmação de // Shaftesbury, suportar o *escárnio* é uma pedra de toque não desprezível para a verdade de uma doutrina (sobretudo a prática), então acabará por chegar a vez, com o tempo, de o filósofo crítico rir *por último* e, portanto, também *melhor*, ao observar os sistemas de papel daqueles que durante um largo tempo tiveram a última palavra desmoronarem um após outro e todos os discípulos dos mesmos se dispersarem: um destino que os aguardava inevitavelmente.

No final do livro trabalhei algumas seções menos detalhadamente do que se poderia esperar em comparação com as precedentes, em parte porque elas me pareciam poder ser facilmente deduzidas destas, em parte também porque as últimas (referentes ao direito público) ainda hoje estão submetidas a tantas discussões e, no entanto, são tão importantes que podem justificar, por algum tempo, o adiamento do juízo decisivo.

Espero poder oferecer em breve *os Primeiros princípios metafísicos da doutrina da virtude*.

// Tábua da divisão da doutrina do direito

Primeira parte. O direito privado a respeito dos objetos exteriores (conjunto daquelas leis que não precisam de promulgação externa)

    Primeiro capítulo. Do modo de ter algo exterior como seu

    Segundo capítulo. Do modo de adquirir algo exterior

        Divisão da aquisição externa

            Primeira seção. Do direito real <*Sachenrecht*>

            Segunda seção. Do direito pessoal

            Terceira seção. Do direito pessoal de tipo real

            Última seção. Da aquisição ideal

    Terceiro capítulo. Da aquisição subjetivamente condicionada diante de uma jurisdição

Segunda parte. O direito público (conjunto de leis que necessitam de uma promulgação pública)

    Primeira seção. O direito político

    Segunda seção. O direito das gentes

    Terceira seção. O direito cosmopolita

// Introdução à metafísica dos costumes

I Da relação das faculdades da mente humana com as leis morais

A *faculdade de apetição* é a faculdade de, por meio de suas representações, ser causa dos objetos dessas representações. A faculdade de um ser de agir conforme suas representações chama-se *vida*.

À apetição ou à aversão está sempre unido, *em primeiro lugar*, o *prazer* ou o *desprazer*, cuja receptividade se denomina *sentimento*, embora nem sempre ocorra o inverso. Pois pode haver um prazer que não esteja unido a nenhuma apetição do objeto, e sim à simples representação que se faz de um objeto (independentemente de o objeto da mesma existir ou não). Além disso, *em segundo lugar*, nem sempre o prazer ou desprazer com o objeto da apetição precede a apetição, e nem todas as vezes deve ser considerado como causa, mas pode ser considerado também como efeito do mesmo.

À capacidade de sentir prazer ou desprazer em uma representação chama-se, por isso, *sentimento*, pois ambos contêm o *meramente subjetivo* em relação à nossa representação e nenhuma referência a um objeto para o conhecimento possível do mesmo[2] (nem sequer para o conhecimento de nosso // estado); visto que, por outro lado, as sensações mesmas, exceto a qualidade que lhes envolve devido à natureza do sujeito (por exemplo, do vermelho, do doce etc.), também são referidas a um objeto como partes constituintes do conhecimento, enquanto o prazer e o desprazer (com o vermelho ou com o doce) não expressam absolutamente nada no objeto, e sim meramente a relação ao sujeito. Justamente pela razão mencionada, prazer e desprazer não podem ser explicados por si mesmos com mais detalhes. Pode-se apenas, quando muito, indicar quais consequências eles têm em certas circunstâncias, para torná-los cognoscíveis no uso.

O prazer necessariamente ligado à apetição (do objeto, cuja representação afeta assim o sentimento) pode ser denominado *prazer prático*, quer seja a causa ou o efeito da apetição. O prazer, pelo contrário, que não está necessariamente ligado à apetição do objeto e que, portanto, no fundo, não é um prazer na existência do objeto da representação, mas simplesmente adere à representação, pode ser denominado prazer meramente contemplativo ou *satisfação inativa*. A este último tipo de prazer denominamos *gosto*. Em uma filosofia prática, por conseguinte, não se tratará dele como de um conceito *que lhe é próprio*, mas, quando muito, apenas *episodicamente*. Porém, no que diz respeito ao prazer prático, se este prazer precede a determinação da faculdade de apetição necessariamente como causa, então ele se chamará, em sentido estrito, *apetite*; ao apetite habitual se chamará *inclinação*. E, já que a ligação do prazer com a faculdade de apetição se chama *interesse*, na medida em que esta ligação é julgada pelo entendimento como válida segundo uma regra universal (mesmo que apenas para o sujeito), o prazer prático, nesse caso, será um interesse da inclinação. Quando, inversamente, o prazer só pode seguir-se a uma determinação precedente da faculdade de apetição, então ele se torna um prazer intelectual e o interesse no objeto deverá ser denominado interesse da razão; pois, se o interesse fosse sensível, e não meramente fundado em princípios puros da razão, // a sensação teria de estar ligada ao prazer e deveria, assim, poder determinar a faculdade de apetição. Embora nenhum interesse da inclinação possa substituir um puro interesse da razão ali onde ele precisa ser admitido, podemos atribuir, para sermos solícitos com a linguagem costumeira, uma apetição habitual, concedida a uma inclinação pelo interesse puro da razão, para o que só pode ser objeto de um prazer intelectual – inclinação esta, porém, que não seria a causa, mas o efeito daquele interesse, e à qual poderíamos denominar *inclinação não sensível* (*propensio intellectualis*).

Todavia, a *concupiscência* (a apetência), enquanto estímulo à determinação da apetição, tem de ser distinguida da apetição mesma. Ela é sempre uma determinação sensível da mente, mas não chega a ser um ato da faculdade de apetição.

A faculdade de apetição segundo conceitos se chama faculdade de *fazer ou não fazer a seu bel-prazer* na medida em que o seu fundamento de determinação para a ação se encontra nela mesma, não no objeto. Na medida em que está ligada à consciência da capacidade de sua ação para a produção do objeto ela se chama *arbítrio*; mas, se não está unida a esta consciência, então o seu ato se chama *desejo*. A faculdade de apetição cujo fundamento interno de determinação – portanto, o querer mesmo –, encontra-se na razão do sujeito chama-se *vontade*. A vontade é, portanto, a faculdade de apetição considerada não tanto em relação à ação (como o arbítrio), mas muito mais em relação ao fundamento de determinação do arbítrio à ação, e não tem ela mesma nenhum fundamento de determinação perante si própria, mas é antes, na medida em que pode determinar o arbítrio, a razão prática mesma.

Na medida em que a razão possa determinar a faculdade de apetição em geral, o *arbítrio*, e também o simples *desejo*, podem estar contidos sob a vontade. O arbítrio que pode ser determinado pela *razão pura* se chama livre-arbítrio. O que só é determinável pela *inclinação* (impulso sensível, *stimulus*) seria arbítrio animal (*arbitrium brutum*). O arbítrio humano, pelo contrário, é um arbítrio tal que é certamente *afetado*, mas não *determinado*, pelos impulsos, e não é, pois, puro por si mesmo (sem uma prática adquirida da razão), ainda que possa ser determinado às ações por uma vontade pura. A *liberdade* do arbítrio é aquela independência de sua *determinação* pelos impulsos sensíveis: este é o seu conceito negativo. O positivo é: a // 214 capacidade da razão pura de ser prática por si mesma. Isso não é possível de outro modo, porém, que não o da subordinação da máxima de cada ação à condição de aptidão da primeira para a lei universal. Pois, como razão pura aplicada ao arbítrio sem ter em conta este seu objeto, e como faculdade dos princípios (e aqui dos princípios práticos, portanto como faculdade legisladora), ela só pode, já que a matéria da lei lhe escapa, transformar a forma da aptidão da máxima do arbítrio em lei universal, ou mesmo em lei suprema e fundamento de determinação do arbítrio, e prescrever essa lei simplesmente como imperativo de proibição ou de comando, dado que as máximas do homem a partir de causas subjetivas não coincidem por si mesmas com aquelas objetivas.

Essas leis da liberdade, à diferença das leis da natureza, chamam-se *morais*. Na medida em que se refiram apenas às ações meramente exteriores e à conformidade destas à lei, elas se chamam *jurídicas*; mas na medida em que exijam também que elas próprias devam ser os fundamentos de determinação das ações, então são *éticas*. Diz-se, portanto: a concordância com as primeiras é a *legalidade*, com as segundas a *moralidade* da ação. A liberdade a que se referem as primeiras leis só pode ser a liberdade no uso externo do arbítrio, enquanto aquela a que se referem as últimas pode ser a liberdade em seu uso tanto externo como interno, contanto que ela seja determinada pela lei da razão. Diz-se então na filosofia teórica: no espaço estão somente os objetos do sentido externo, mas no tempo estão todos – tanto os objetos do sentido externo como os do interno –, porque as representações de ambos são sempre representações e, nessa medida, pertencem em sua totalidade ao sentido interno. Do mesmo modo, se a liberdade for considerada em relação ao uso externo ou interno do arbítrio, então suas leis, como leis puras práticas da razão para o livre-arbítrio, têm de ser simultaneamente fundamentos internos de determinação do mesmo, ainda que nem sempre possam ser consideradas nesta relação.

II Da ideia e necessidade de uma metafísica dos costumes

Foi demonstrado em outra parte que têm de haver princípios *a priori* para a ciência da natureza, que se ocupa com os objetos dos sentidos externos, e que // é possível, e mesmo necessário, estabelecer um sistema desses princípios, sob o nome de uma ciência metafísica da natureza, antes de uma ciência da natureza aplicada às experiências particulares, isto é, antes da física. Apenas a última pode aceitar (ao menos quando se trata, para ela, de preservar do erro suas proposições) vários princípios como universais a partir do testemunho da experiência, ainda que este último, se tem de valer universalmente em sentido estrito, tenha de ser derivado de fundamentos *a priori*, assim como Newton admitiu como fundado na experiência o princípio da igualdade de ação e reação na influência recíproca dos corpos e o estendeu, não obstante, à totalidade da natureza material. Os químicos vão ainda mais longe e fundamentam inteiramente na experiência suas leis mais universais de união e separação das matérias por meio de suas próprias forças, confiando tanto em sua universalidade e necessidade, porém, que não temem a descoberta de um erro nos experimentos nelas apoiados.

Com as leis morais, porém, a situação é outra. Apenas na medida em que podem ser *discernidas* como fundadas *a priori* e necessárias, valem elas como leis; mesmo os conceitos e juízos sobre nós mesmos, e sobre tudo o que fazemos ou não fazemos, nada significam moralmente se contêm apenas o que se aprende da experiência. E, se caímos na tentação de transformar em princípios morais algo procedente desta última fonte, corremos o perigo de incorrer nos erros mais grosseiros e perniciosos.

Se a doutrina dos costumes não fosse nada mais que uma doutrina da felicidade, então seria disparatado buscar princípios *a priori* para ela. Pois, por mais plausível que soe a razão poder, ainda antes da experiência, discernir por quais meios se pode obter o gozo duradouro dos verdadeiros prazeres da vida, tudo o que se ensina *a priori* sobre isso, porém, é ou tautológico ou admitido sem qualquer fundamento. Somente a experiência pode ensinar o que nos traz alegria. Somente os impulsos naturais à alimentação, ao sexo, ao repouso, ao movimento, e (no desenvolvimento de nossas disposições naturais) os impulsos à honra, à ampliação de nosso conhecimento etc. podem dar a conhecer, e cada um apenas segundo seu modo particular, onde se devem *situar* aquelas alegrias, a mesma experiência podendo ensinar também os meios para *procurá-las*. Aqui, todo raciocínio aparentemente *a priori* nada mais é, no fundo, do que experiência elevada à generalidade por indução, // generalidade esta (*secundum principia generalia, non universalia*) ainda tão precária que se precisa admitir a cada um uma infinidade de exceções, na adaptação daquela escolha do seu modo de vida, à sua inclinação particular e à sua predisposição ao prazer; para ao final, porém, só se tornar prudente por meio do sofrimento, seu próprio ou de outrem.

Com os ensinamentos da moralidade, porém, a situação é outra. Eles ordenam a cada um sem levar em consideração suas inclinações; apenas porque, e na medida em que, ele é livre e tem razão prática. O aprendizado de suas leis não é extraído da observação de si mesmo e da animalidade nele presente, nem da percepção do curso do mundo, do que ocorre ou de como se age (ainda que a palavra alemã *costumes* signifique, como a latina *mores*, apenas maneiras e formas de vida), mas a razão ordena como se deve agir, mesmo que não fosse encontrado nenhum exemplo disso, e também não leva em conta a vantagem que disso poderia resultar para nós e que somente a experiência poderia ensinar. Pois, embora ela nos permita buscar nossa vantagem de todos os modos possíveis, e embora se possa também, com base em testemunhos da experiência, esperar como prováveis – sobretudo quando intervém a prudência – maiores vantagens em média no cumprimento do que na transgressão de seus comandos, a autoridade de suas prescrições enquanto *comandos*, todavia, não repousa nisso. Ela apenas se serve dessas considerações (enquanto conselhos) como um contrapeso contra as tentações opostas, de modo a compensar com antecedência o erro de uma *ponderação* parcial no juízo prático, assegurando assim a este, antes de mais nada, uma decisão conforme ao peso dos princípios *a priori* de uma razão pura prática.

Se um sistema de conhecimentos *a priori* por meros conceitos, assim, chama-se *metafísica*, então uma filosofia prática, que tem por objeto não a natureza, mas a liberdade do arbítrio, irá pressupor e requerer uma metafísica dos costumes. Ou seja, *possuir* uma tal metafísica é mesmo um *dever*, e cada homem a tem também em si, ainda que, em geral, apenas de modo obscuro. Pois como poderia ele, sem princípios *a priori*, acreditar ter em si uma legislação universal? Assim como em uma metafísica da natureza, porém, devem existir princípios para a aplicação daqueles princípios universais supremos de uma natureza em geral aos objetos da experiência, também uma metafísica dos costumes // não pode deixar de tê-los, e precisaremos tomar frequentemente como objeto a *natureza* particular do homem, cognoscível apenas pela experiência, para nela *mostrar* as conclusões dos princípios morais universais sem por meio disso tirar algo da pureza dos últimos, nem pôr em dúvida sua origem *a priori*. – Isso quer dizer apenas que uma metafísica dos costumes não pode estar fundada na antropologia, mas pode ser aplicada a ela.

A contraparte de uma metafísica dos costumes, como o outro membro da divisão da filosofia prática em geral, seria a antropologia moral, que conteria as condições subjetivas tanto impeditivas como favorecedoras da *realização* das leis da primeira na natureza humana: a produção, difusão e consolidação dos princípios morais (na educação e no ensino escolar e popular) e, de igual modo, outros ensinos e prescrições fundados na experiência. Desta antropologia não se pode prescindir, mas ela não deve de modo algum preceder aquela metafísica dos costumes ou ser a ela misturada, porque então se corre o perigo de extrair leis morais falsas, ou ao menos indulgentes, que fazem com que pareça inacessível o que precisamente por isso não é alcançado – ou porque a lei não foi discernida nem apresentada em sua pureza (enquanto aquilo em que consiste também sua força), ou porque são utilizados móbiles totalmente inautênticos ou impuros para o que em si é bom e conforme ao dever, móbiles que de resto não deixam nenhum princípio moral seguro nem como fio condutor do juízo, nem como disciplina da mente no cumprimento do dever, cuja prescrição tem de ser dada absolutamente *a priori* apenas pela razão pura.

Em outro lugar (na *Crítica da faculdade do juízo*) já me expliquei sobre a divisão superior sob a qual se encontra a divisão da filosofia agora mencionada, a saber, em teórica e prática, e sobre por que esta última não pode ser senão a sabedoria moral <*moralische Weltweisheit*>. Tudo aquilo que é prático e deve ser possível segundo leis da natureza (a ocupação própria da arte) depende inteiramente, segundo suas prescrições, da teoria da natureza. Só aquilo que é prático segundo leis da liberdade pode ter princípios que não dependem de teoria alguma, pois para além das determinações da natureza não há teoria. A filosofia não pode, portanto, compreender sob a parte prática (ao lado de sua parte teórica) uma // doutrina *prático-técnica*, mas apenas uma doutrina *prático-moral*. E se a habilidade do arbítrio segundo leis da liberdade, por oposição à natureza, devesse aqui ser chamada também de *arte*, então deveríamos entender por isso uma arte tal que torne possível um sistema da liberdade semelhante a um sistema da natureza; uma arte de fato divina, se estivéssemos em condição de executar completamente, por meio da razão, o que ela nos prescreve, e de pôr em obra a sua ideia.

III Da divisão de uma metafísica dos costumes[3]

A toda legislação (prescreva ela ações interiores ou exteriores e estas ou *a priori*, através da mera razão, ou por meio do arbítrio de um outro) pertencem dois elementos: *primeiro*, uma *lei* que representa *objetivamente* como necessária a ação que deve ocorrer, ou seja, que faz da ação um dever; *segundo*, um móbil que conecta *subjetivamente* o fundamento de determinação do arbítrio para esta ação à representação da lei. Este é, portanto, o segundo elemento: a lei faz do dever um móbil. Por meio do primeiro, a ação é representada como dever, o qual é um mero conhecimento teórico da possível determinação do arbítrio, quer dizer, da regra prática; por meio do segundo, a obrigação de agir deste modo é ligada, no sujeito, a um fundamento de determinação do arbítrio em geral.

Em vista dos móbiles, portanto, toda legislação pode ser distinguida (mesmo que concorde com outra legislação em vista da ação que ela torna dever, como, por exemplo, no caso das // ações que podem ser exteriores em todos os casos): aquela legislação que faz de uma ação dever, e desse dever, simultaneamente, um móbil, é *ética*. Mas aquela que não inclui o último na lei e, portanto, também admite um outro móbil que não a ideia mesma do dever, é *jurídica*. Em vista desta última, discerne-se facilmente que esse móbil, distinto da ideia do dever, tem de ser extraído dos fundamentos de determinação *patológicos* do arbítrio – as inclinações e aversões – e, dentre estas últimas, das aversões, porque deve ser uma legislação que obriga, não uma atração que convida.

A mera concordância ou discrepância de uma ação com a lei, sem consideração ao móbil da mesma, denomina-se *legalidade* (conformidade à lei), mas aquela em que a ideia do dever pela lei é ao mesmo tempo o móbil da ação se chama *moralidade* (eticidade)[4] da mesma.

Os deveres segundo a legislação jurídica só podem ser deveres externos, pois essa legislação não exige que a ideia desse dever, que é interior, seja por si mesma fundamento de determinação do arbítrio do agente e, visto que ela sempre necessita de um móbil conveniente à lei, só pode ligar esta última a móbiles externos. A legislação ética, em contrapartida, converte também as ações internas em deveres, mas sem excluir as externas, estendendo-se antes a tudo o que, em geral, é dever. Entretanto, precisamente porque a legislação ética inclui em sua lei o móbil interno da ação (a ideia do dever), cuja determinação não precisa entrar de modo algum em uma legislação externa, a legislação ética não pode ser externa (nem sequer a de uma vontade divina), ainda que admita como móbiles, enquanto deveres em sua legislação, os deveres que se baseiam em outra, a saber, na legislação externa.

Disso se infere que todos os deveres, simplesmente por serem deveres, pertencem à ética, mas nem por isso sua *legislação* está sempre contida na ética, estando antes a de muitos deles fora da mesma. Assim, a ética ordena que eu cumpra o compromisso assumido em um contrato, mesmo que a outra parte não pudesse forçar-me a isso: ela apenas toma como dada a lei (*pacta sunt servanda*) e o dever correspondente a ela da doutrina do direito. // Portanto, a legislação segundo a qual as promessas feitas devem ser cumpridas não se encontra na ética, e sim no *Ius*. A ética ensina somente o seguinte: se é também suprimido o móbil que a legislação jurídica une com aquele dever, a saber, a coerção externa, a ideia do dever sozinha já é suficiente como móbil. Pois se não fosse assim, se a legislação mesma não fosse jurídica, se o dever que dela nasce não fosse propriamente, portanto, um dever jurídico (à diferença do dever de virtude), então o cumprimento da fidelidade (conforme sua promessa em um contrato), as ações de benevolência e a obrigação em relação a elas se colocariam em uma mesma classe, o que de modo algum deve ocorrer. Manter sua promessa não é dever de virtude, e sim um dever jurídico a cujo cumprimento se pode ser coagido. Cumpri-lo também quando nenhuma coerção precisa ser temida, contudo, é uma ação virtuosa (prova de virtude). A doutrina do direito e a doutrina da virtude não se distinguem tanto por seus diferentes deveres, mas, antes, pela diferença da legislação, que liga um ou outro móbil à lei.

A legislação ética é aquela que não *pode* ser externa (quando muito os deveres podem ser também externos); a jurídica é a que também pode ser externa. Assim, manter sua promessa conforme ao contrato é um dever externo, mas o mandamento de fazê-lo unicamente porque é dever, sem levar em consideração um outro móbil, pertence apenas à legislação *interior*. A obrigação, portanto, não pertence à ética como um tipo particular de dever (um tipo particular de ações às quais se é obrigado) – tanto na ética como no direito ela é um dever externo –, mas porque a legislação, no caso referido, é uma legislação interior e não pode ter nenhum legislador externo. Por essa mesma razão, os deveres de benevolência estão contidos na ética, ainda que sejam deveres externos (obrigações referidas a ações externas), porque sua legislação só pode ser interior. – A ética certamente tem seus deveres particulares (por exemplo, os deveres para consigo mesmo), e também deveres em comum com o direito – jamais, porém, o modo da *obrigação*. Pois realizar ações simplesmente porque são deveres e transformar o princípio do dever mesmo em móbil suficiente do arbítrio, venha ele de onde vier, é o que é próprio da legislação ética. // Há realmente muitos deveres *éticos-diretos*, mas a legislação interior torna éticos-indiretos também todos os deveres restantes.

IV Conceitos preliminares da Metafísica dos Costumes *(Philosophia practica universalis)*

O conceito de *liberdade* é um conceito puro da razão que, precisamente por isso, é transcendente para a filosofia teórica, isto é, um conceito tal que não lhe pode ser dado nenhum exemplo adequado em qualquer experiência possível. Ele não constitui, portanto, objeto de nenhum conhecimento teórico possível para nós, e absolutamente não pode valer como um princípio constitutivo, mas unicamente como regulador e, na verdade, apenas como um princípio meramente negativo da razão especulativa. No uso prático da mesma, porém, ele prova sua realidade mediante princípios práticos que demonstram, como leis, uma causalidade da razão pura para determinar o arbítrio independentemente de todas as condições empíricas (do sensível em geral), e que demonstram em nós uma vontade pura na qual os conceitos e leis morais têm sua origem.

Nesse conceito positivo (em sentido prático) de liberdade fundamentam-se leis práticas incondicionais que se denominam *morais*. Para nós, que temos um arbítrio que é afetado sensivelmente e, portanto, não se adequa por si mesmo à vontade pura, mas com frequência lhe é resistente, essas leis são *imperativos* (comandos ou proibições) e, na verdade, imperativos categóricos (incondicionais), razão pela qual se distinguem dos imperativos técnicos (das prescrições da arte), que sempre comandam apenas de modo condicional. Segundo essas leis, certas ações são *permitidas* ou *não*, isto é, são moralmente possíveis ou impossíveis, mas algumas delas, ou as que lhe são contrárias, são moralmente necessárias, isto é, obrigatórias, e daí surge para aquelas o conceito de um dever cujo cumprimento ou transgressão está unido realmente a um prazer ou desprazer de tipo particular (o de um *sentimento* moral) que, porém, não podemos absolutamente levar em consideração nas leis práticas da razão [porque o prazer não se refere ao *fundamento* das leis práticas, mas somente ao *efeito* subjetivo sobre o ânimo na determinação de *nosso* arbítrio por aquelas, e pode variar segundo a diversidade dos sujeitos (sem acrescentar ou extrair daquelas, objetivamente, isto é, no juízo da razão, algo de sua validade ou influência)].

// Os seguintes conceitos são comuns à metafísica dos costumes em suas duas partes.

Obrigação é a necessidade de uma ação livre sob um imperativo categórico da razão.

O imperativo é uma regra prática por meio da qual uma ação em si contingente *torna*-se necessária. Ele se diferencia de uma lei prática, a qual, com efeito, torna representável a necessidade de uma ação, mas sem levar em consideração se esta, em si, encontra-se já *internamente*, de modo necessário, no sujeito agente (como em um ser santo), ou se é (como no homem) contingente; pois no primeiro caso não há imperativo algum. Por conseguinte, o imperativo é uma regra cuja representação *torna* necessária a ação subjetivamente contingente e, portanto, ele representa o sujeito de tal modo que ele precisa ser *obrigado* (necessitado) a concordar com essa regra. – O imperativo categórico (incondicional) é aquele que pensa uma ação como objetivamente necessária e a torna necessária, não indiretamente através da representação de um *fim* que possa ser alcançado pela ação, mas sim através da mera representação dessa ação mesma (de sua forma), portanto diretamente. Nenhuma outra doutrina prática, além da que prescreve obrigação (a doutrina dos costumes), pode apresentar como exemplos semelhantes imperativos. Todos os outros imperativos são *técnicos* e, em conjunto, condicionados. O fundamento da possibilidade dos imperativos categóricos, todavia, reside em que eles não se referem a nenhuma outra determinação do arbítrio (através da qual se possa atribuir-lhe um propósito), mas unicamente à sua *liberdade*.

Permitida é uma ação (*licitum*) que não é oposta à obrigação. E essa liberdade, que não está limitada por nenhum imperativo oposto, chama-se autorização (*facultas moralis*). Torna-se evidente, a partir disso, o que *não é permitido* (*illicitum*).

Dever é aquela ação a que cada um está obrigado. Ela é, pois, a matéria da obrigação, e o dever pode ser o mesmo (segundo a ação), ainda que possamos ser obrigados a ele de diversos modos.

O imperativo categórico, posto que enuncia uma obrigação a respeito de certas ações, é uma *lei* prático-moral. // Como, porém, a obrigação não contém apenas necessidade prática (como aquela que enuncia uma lei em geral), mas também *necessitação*, então o imperativo pensado é ou uma lei de comando ou uma lei de proibição, conforme o cumprimento ou a omissão sejam representados como dever. Uma ação que não é ordenada nem proibida é simplesmente *permitida*, pois não há, em relação a ela, nenhuma lei limitadora da liberdade (autorização) e, portanto, também nenhum dever. Uma tal ação se chama moralmente-indiferente (*indifferens, adiaphoron, res merae facultatis*). Pode-se perguntar se existem ações assim e, caso existam, se é ainda necessária, além da lei de comando (*lex praeceptiva, lex mandati*) e da lei de proibição (*lex prohibitiva, lex vetiti*), também uma lei permissiva (*lex permissiva*) para que a alguém seja dada a liberdade de fazer tudo segundo lhe aprouver. Se assim fosse, então a autorização não se referiria apenas a uma ação indiferente (*adiaphoron*), já que, para tal ação, se considerada conforme as leis morais, não seria necessária lei particular alguma.

Denomina-se *feito* uma ação que esteja submetida às leis da obrigação e na qual, portanto, o sujeito seja considerado segundo a liberdade de seu arbítrio. Por meio de tal ato, o agente é considerado *autor* do efeito, e este, juntamente com a ação mesma, podem ser a ele *imputados* se se conhece de antemão a lei em virtude da qual pesa sobre ele uma obrigação.

Pessoa é aquele sujeito cujas ações são suscetíveis de *imputação*. A personalidade *moral*, portanto, é tão somente a liberdade de um ser racional submetido a leis morais (a psicológica não passando, porém, da capacidade de tornar-se a si mesmo consciente da identidade de sua existência nos seus diferentes estados), donde se segue que uma pessoa não está submetida a nenhuma outra lei além daquelas que se dá a si mesma (seja sozinha ou, ao menos, juntamente com outras).

Coisa é aquilo que não é suscetível de imputação. Todo objeto do livre-arbítrio, carente ele mesmo de liberdade, chama-se por isso coisa (*res corporalis*).

Correto ou *incorreto* (*rectum aut minus rectum*) é um feito em geral na medida em que seja conforme ou contrário ao dever (*factum licitum aut illi- // -citum*). O dever mesmo, quanto a seu conteúdo ou sua origem, pode ser o que for. Um feito contrário ao dever se chama *transgressão* (*reatus*).

Uma transgressão *não intencional* que, não obstante, pode ser imputada, chama-se uma mera *falta* (*culpa*). A intencional (isto é, aquela que está ligada à consciência de ser ela uma transgressão) chama-se *crime* (*dolus*). O que é certo segundo as leis externas chama-se *justo* (*iustum*), e o que não é chama-se *injusto* (*iniustum*).

Um *conflito de deveres* (*collisio officiorum, s. obligationum*) seria uma relação entre eles pela qual um suprimiria o outro (total ou parcialmente). – No entanto, é absolutamente impensável uma colisão de deveres e obrigações (*obli-*

gationes non colliduntur), pois dever e obrigação são em geral conceitos que expressam a *necessidade* prática objetiva de certas ações e duas regras opostas não podem ser simultaneamente necessárias, visto que, quando agir conforme a uma é dever, então agir segundo a contrária não apenas não é dever algum, mas algo contrário ao dever. Em um sujeito e na regra que ele se prescreve, porém, podem muito bem encontrar-se dois *fundamentos* de obrigação (*rationes obligandi*) dos quais um ou outro é insuficiente para obrigar (*rationes obligandi non obligantes*), caso em que, portanto, um deles não é dever. – Se dois de tais fundamentos se contradizem mutuamente, então a filosofia prática não diz que a obrigação mais forte conserva a supremacia (*fortior obligatio vincit*), mas sim que o mais forte *fundamento de obrigação* conserva o posto (*fortior obligandi ratio vincit*).

Chamam-se *leis externas* (*leges externae*), em geral, as leis obrigatórias para as quais é possível uma legislação externa. Dentre estas são de fato externas, porém *naturais*, aquelas cuja obrigatoriedade, mesmo sem legislação externa, pode ser reconhecida *a priori* pela razão; e aquelas, ao contrário, que absolutamente não obrigam sem legislação externa efetiva (e que sem as últimas, portanto, não seriam leis), chamam-se leis *positivas*. Pode ser pensada, assim, uma legislação externa que contenha somente leis positivas, mas ela deveria ser precedida, então, por uma lei natural que fundamentasse a autoridade do legislador (isto é, a autorização para obrigar a outrem por meio de seu mero arbítrio).

// O princípio que torna certas ações em dever é uma lei prática. A regra que o agente elege como princípio para si mesmo a partir de fundamentos subjetivos se chama sua *máxi-*

ma; donde as máximas dos agentes poderem, em uma mesma lei, ser contudo muito diferentes.

O imperativo categórico, que em geral só enuncia o que é obrigação, é: aja conforme a uma máxima que possa valer ao mesmo tempo como uma lei universal. – Você tem, portanto, de considerar suas ações primeiramente conforme ao princípio subjetivo das mesmas. Que esse princípio seja também objetivamente válido, porém, você só pode reconhecer na medida em que, submetido por sua razão a essa prova por meio da qual você se pensa ao mesmo tempo como legislador universal, ele se qualifique a uma tal legislação universal.

Certamente deve causar estranheza, num primeiro momento, a simplicidade dessa lei, em comparação com as grandes e múltiplas consequências que se poderiam daí extrair, bem como a sua qualidade mandatória, sem que contenha visivelmente em si um móbil. Suponhamos, porém, que nessa surpresa com uma capacidade de nossa razão, de determinar o arbítrio através da mera ideia da qualificação de uma máxima à *universalidade* de uma lei prática, nos seja ensinado que precisamente estas leis práticas (as morais) são as que primeiro dão a conhecer uma propriedade do arbítrio a que nenhuma razão especulativa teria chegado, nem por fundamentos *a priori* nem por meio de experiência alguma. E mesmo que houvesse a ela chegado, não poderia demonstrar sua possibilidade por meio teórico algum, apesar de aquelas leis práticas demonstrarem incontestavelmente esta propriedade, a saber, a liberdade. Torna-se menos estranho, nesse caso, encontrar essas leis, como postulados matemáticos, de modo indemonstrável, mas apodítico, e ao mesmo tempo ver aberto perante nós um campo inteiro de conhecimentos práticos ali onde a razão, com essa mesma ideia de liberdade, e mesmo com qualquer outra de suas ideias do suprassensível, tem de encontrar tudo inteiramente fechado diante de si. A concordância de uma ação com a lei do dever é a *legalidade* (*legalitas*); a da máxima da ação com a lei é a *moralidade* (*moralitas*) da mesma. *Máxima*, porém, é o princípio subjetivo para agir que o próprio sujeito transforma em regra para si (a saber, como ele quer agir). O princípio do dever, em contrapartida, é aquilo que a razão lhe ordena absoluta e, portanto, objetivamente (como ele *deve* agir).

// O princípio supremo da doutrina dos costumes é, portanto: aja segundo uma máxima que possa valer ao mesmo tempo como lei universal. – Cada máxima que não se qualifica a isso é contrária à moral.

As leis procedem da vontade; as máximas, do arbítrio. Este último é, no homem, um livre-arbítrio; a vontade que se refere apenas à lei não pode ser denominada nem livre nem não livre, porque ela não se refere às ações, mas imediatamente à legislação para as máximas das ações (portanto à razão prática mesma), e por isso é absolutamente necessária e *insuscetível*, ela mesma, de necessitação. Somente o *arbítrio*, portanto, pode ser denominado *livre*.

Mas a liberdade do arbítrio não pode ser definida pela faculdade de escolher agir a favor ou contra a lei (*libertas indifferentiae*) – como alguns têm tentado –, embora o arbítrio, como *fenômeno*, ofereça frequentes exemplos disso na experiência. Pois conhecemos a liberdade (tal como ela se torna manifesta a nós, antes de mais nada, através da lei moral) apenas como propriedade *negativa* em nós, a saber, como propriedade de não sermos necessitados a agir por nenhum fundamento de determinação sensível. Mas enquanto *númeno*, isto é, segundo a faculdade do homem considerada meramente enquanto inteligência, não podemos, *do ponto de vista teórico*, nem apresentar de que maneira ela é coercitiva face ao arbítrio sensível nem, portanto, apresentá-la segundo sua qualidade positiva. Podemos discernir bem apenas o seguinte: que, embora o homem enquanto *ser sensível* mostre, segundo a experiência, uma faculdade de escolher não apenas *conforme* à lei, mas também *contra* ela, a sua liberdade enquanto ser inteligível não pode ser *definida por meio disso* porque os fenômenos não podem tornar compreensível nenhum objeto suprassensível (tal como o livre-arbítrio); e que a liberdade jamais pode ser colocada no fato de o sujeito racional poder chegar também a uma escolha conflitante com sua razão (legisladora), ainda que a experiência demonstre com frequência suficiente que isso ocorra (do que não podemos, porém, conceber a possibilidade). – Pois uma coisa é admitir uma proposição (da experiência), outra coisa é torná-la o *princípio explicativo* (do conceito de livre-arbítrio) e a característica distintiva geral (do *arbitrio bruto s. servo*); porque a primeira // não afirma que a característica pertença *necessariamente* ao conceito, embora seja exigida no segundo caso. – Em relação à legislação interna da razão, a liberdade é, propriamente, apenas uma capacidade; a possibilidade de afastar-se dela é uma incapacidade. Como pode aquela, então, ser explicada a partir desta? Uma definição que acrescenta ao conceito prático também o seu *exercício*, como o ensina a experiência, é uma *definição bastarda* (*definitio hybrida*), que apresenta o conceito sob falsa luz.

Uma *lei* (prático-moral) é uma proposição que contém um imperativo categórico (mandamento). Aquele que comanda (*imperans*) através de uma lei é o *legislador* (*legislator*). Ele é o autor (*autor*) da obrigatoriedade conforme a lei, mas nem sempre o autor da lei. No último caso, a lei seria positiva (contingente) e arbitrária. A lei que nos obriga *a priori* e incondicionalmente através de nossa própria razão pode também ser expressa como proveniente da vontade de um sumo legislador, isto é, de um legislador que só tem direitos e nenhum dever (portanto, da vontade divina), o qual, porém, significa apenas a ideia de um ser moral cuja vontade é lei para todos, sem pensá-lo, entretanto, como autor dessa lei.

Imputação (*imputatio*) em sentido moral é o *juízo* por meio do qual alguém é considerado como autor (*causa libera*) de uma ação, que, pois, chama-se *feito* (*factum*) e está sob leis. Se esse juízo traz consigo, ao mesmo tempo, as consequências jurídicas deste feito, é uma imputação judicial (*imputatio iudiciaria, s. valida*), caso contrário seria somente uma imputação *ajuizadora* (*imputatio diiudicatoria*). – Aquela pessoa (física ou moral) que tem autorização para imputar judicialmente se chama *juiz* ou também tribunal (*iudex s. forum*).

O que alguém, conforme ao dever, faz *além* do que aquilo a que possa ser coagido segundo a lei é *meritório* (*meritum*); o que ele faz apenas de maneira exatamente *conforme* à última é o *devido* (*debitum*); o que ele faz a *menos* do que a última exige, por fim, é uma *falta* moral (*demeritum*). O efeito *jurídico* de um delito é a *pena* (*poena*); o de um *feito* meritório, a *recompensa* (*praemium*) (supondo-se que esta, prometida na lei, foi a causa da ação); a // adequação da conduta ao que é devido não tem efeito jurídico. – A *retribuição* benevolente (*remuneratio s. repensio benefica*) não tem *relação jurídica* com o feito.

As consequências boas ou más de uma ação devida, assim como as consequências da omissão de uma ação meritória, não podem ser imputadas ao sujeito (*modus imputationis tollens*).

As consequências boas de uma ação meritória, assim como as consequências más de uma ação não conforme ao direito, podem ser imputadas ao sujeito (*modus imputationis ponens*).

É *subjetivo* o grau de *imputabilidade* (*imputabilitas*) das ações a serem avaliadas segundo a extensão dos obstáculos que terão de ser superados. – Quanto maiores os obstáculos naturais (da sensibilidade), e quanto menor o obstáculo moral (do dever), tanto mais o *feito bom* é imputado como mérito; por exemplo quando eu, com meu considerável sacrifício, salvo de um grande perigo um homem completamente estranho para mim.

Em contrapartida: quanto menor o obstáculo natural, e quanto maior o obstáculo fundado no dever, tanto maior será a infração (como falta) imputada. – Por isso, o estado de ânimo, isto é, se o sujeito teria praticado o feito de modo passional ou com calma premeditação, faz uma diferença que tem consequências na imputação.

// Introdução à doutrina do direito

§ A
O que é a Doutrina do Direito

Chama-se *doutrina do direito* (*Ius*) o conjunto de leis para as quais é possível uma legislação externa. Se uma tal legislação é efetiva, então ela é doutrina do *direito positivo*, e o versado nessa doutrina, ou jurisconsulto (*Iurisconsultus*), chama-se *perito em direito* (*Iurisperitus*) se conhece as leis externas também de maneira externa, isto é, em sua aplicação aos casos que se apresentam na experiência. Esta última pode tornar-se *jurisprudência* (*Iurisprudentia*). Sem que ambas estejam juntas, porém, resta apenas a *ciência jurídica* (*Iurisscientia*). A última denominação cabe ao conhecimento *sistemático* da doutrina do direito natural (*Ius naturae*), ainda que o jurisconsulto precise tomar da última os princípios imutáveis para toda legislação positiva.

§ B
O que é o direito?

Esta pergunta poderia muito bem colocar o *jurisconsulto* em embaraço se ele não quiser cair em tautologia ou, em vez de dar uma solução geral, remeter ao que prescrevem as leis de um país qualquer em uma época qualquer, assim como o lógico é posto em embaraço por aquele desafio a que é chamado: *O que é a verdade?* O jurisconsulto pode ainda muito bem declarar o que é de direito (*quid sit iuris*), quer dizer, o que dizem ou disseram as leis em certo lugar e em certo tempo. Mas a questão de também ser justo àquilo que as leis prescreviam, ou a questão do critério universal pelo qual se pode reconhecer em geral o justo e o injusto (*iustum et iniustum*), permanecem-lhe // totalmente ocultas se ele não abandona durante algum tempo aqueles princípios empíricos e busca as fontes desses juízos na mera razão (embora para tal aquelas leis lhe possam servir perfeitamente como fio condutor) de modo a estabelecer os fundamentos de uma possível legislação positiva. Uma doutrina do direito meramente empírica é (como a cabeça de madeira na fábula de Fedro) uma cabeça que pode ser bela, mas que, lamentavelmente, não tem cérebro.

O conceito de direito, contanto que se refira a uma obrigação a ele correspondente (isto é, o conceito moral do mesmo), diz respeito, *primeiramente*, apenas à relação externa, e na verdade prática, de uma pessoa com outra na medida em as ações de uma, como *facta*, podem ter influência sobre as ações da outra (imediata ou mediatamente). Mas, *em segundo lugar*, ele não significa a relação do arbítrio com o *desejo* do outro (em consequência, também com a mera necessidade), como nas ações benevolentes ou cruéis, mas sim unicamente com o *arbítrio* do outro. *Em terceiro lugar*, não se leva de modo algum em consideração, nessa relação recíproca do arbítrio, também a *matéria* deste, ou seja, o fim que cada um tem em vista com o objeto que quer. Não se pergunta, por exemplo, se alguém que compra de mim uma mercadoria, para seu próprio negócio, quer ou não obter vantagem, mas pergunta-se apenas pela *forma* na relação entre os arbítrios de ambas as partes, na medida em que ela é considerada simplesmente como *livre*, e também se, com isso, a ação de um pode ser conciliada com a liberdade do outro segundo uma lei universal.

O direito, portanto, é o conjunto das condições sob as quais o arbítrio de um pode conciliar-se com o arbítrio de outro segundo uma lei universal da liberdade.

§ C
Princípio universal do direito

"É *correta* toda ação que permite, ou cuja máxima permite, à liberdade do arbítrio de cada um coexistir com a liberdade de todos segundo uma lei universal etc."

Por conseguinte, se minha ação, ou em geral meu estado, pode coexistir com a liberdade de cada um segundo uma lei universal, então age injustamente comigo aquele que me impede disso, pois este impedimento // (esta resistência) não pode coexistir com a liberdade segundo leis universais.

Segue-se disso, também, que não se pode exigir que esse princípio de todas as máximas seja por sua vez minha máxima, isto é, que eu o *torne máxima* de minha ação, pois cada um pode ser livre mesmo que sua liberdade me seja totalmente indiferente ou que eu deseje de coração causar-lhe prejuízo, contanto que não a prejudique por meio de minha *ação externa*. Tomar como máxima o agir conforme ao direito é uma exigência que a ética me faz.

A lei universal do direito – "aja externamente de tal modo que o uso livre de seu arbítrio possa coexistir com a liberdade de cada um segundo uma lei universal" – é realmente, portanto, uma lei que me impõe uma obrigação, mas que não espera de modo algum, e menos ainda exige, que eu *mesmo deva* limitar totalmente minha liberdade àquelas condições em nome dessa obrigação. A razão diz apenas que o arbítrio *é* limitado em sua ideia e também que tem de ser limitado por outro, e isso ela diz como um postulado que não é suscetível de prova ulterior alguma. – Quando o propósito não é ensinar a virtude, mas apenas expor o que é *correto*, então não se precisa, e não se deve, apresentar aquela lei do direito como móbil da ação.

§ D
O direito está ligado à competência para coagir

A resistência que se opõe ao obstáculo de um efeito promove esse efeito e concorda com ele. Ora, tudo o que não é conforme ao direito é um obstáculo à liberdade segundo leis universais. A coerção, entretanto, é um obstáculo ou uma resistência a que a liberdade aconteça. Consequentemente, se um certo uso da liberdade é, ele mesmo, um obstáculo à liberdade segundo leis universais (isto é, incorreto), então a coerção que se lhe opõe, enquanto *impedimento* de um *obstáculo da liberdade*, concorda com a liberdade segundo leis universais, isto é, é correta. Ao direito, portanto, está ligada ao mesmo tempo, conforme o princípio de contradição, uma competência para coagir quem o viola.

// § E

O direito estrito pode ser representado também como a possibilidade de uma coerção recíproca universal em concordância com a liberdade de cada um segundo leis universais

Esta proposição quer dizer apenas que o direito não pode ser pensado como composto de duas partes, a saber, da obrigação segundo uma lei e da competência para coagir daquele que obriga outrem por meio de seu arbítrio, mas pode ter seu conceito imediatamente estabelecido na possibilidade da ligação entre a coerção recíproca universal e a liberdade de cada um. Assim como o direito em geral só tem por objeto o que é externo nas ações, o direito estrito, a saber, aquele que não está mesclado com nada ético, exige apenas os fundamentos externos de determinação do arbítrio. Pois então ele é puro e não se confunde com as prescrições da virtude. Apenas o completamente externo, portanto, pode ser denominado um direito *estrito* (restrito). Ele se fundamenta, de fato, na consciência da obrigação de cada um perante a lei, mas, para determinar o arbítrio conforme a isso, se é que deve ser puro, ele não deve nem pode recorrer a essa consciência como móbil, mas apenas se apoia, devido a isso, no princípio da possibilidade de uma coerção externa que possa coexistir com a liberdade de cada um segundo leis universais. – Quando se diz, portanto, que um *credor* tem o direito de exigir o pagamento da dívida a seu devedor, isso não significa que ele possa incutir-lhe na mente que sua própria razão lhe obriga a esse pagamento, mas que uma coerção que obriga todos a fazer isso pode muito bem coexistir com a liberdade de cada qual, portanto também com a sua, segundo uma lei externa universal: direito e competência para coagir significam, pois, a mesma coisa.

A lei de uma coerção recíproca que concorda necessariamente com a liberdade de todos sob o princípio da liberdade universal é, de certo modo, a *construção* daquele conceito, isto é, a apresentação do mesmo em uma intuição pura *a priori* segundo a analogia da possibilidade dos movimentos livres dos corpos sob a lei da *igualdade de ação e reação*. // Assim como na matemática pura não derivamos as propriedades de seu objeto imediatamente dos conceitos, mas só podemos descobri-las mediante a construção do conceito, assim também não é tanto o *conceito* de direito que possibilita a sua exposição, mas antes a coerção com ele coincidente, inteiramente recíproca e igual, que é submetida a leis universais. Como na base desse conceito dinâmico, porém, está ainda um conceito meramente formal da matemática pura (da geometria, por exemplo), preocupou-se então a razão em prover também o entendimento, tanto quanto possível, com intuições *a priori* que ajudassem na construção do conceito de direito. – O direito (*rectum*), enquanto o *reto*, opõe-se em parte ao *curvo*, em parte ao *oblíquo*. Na primeira oposição, trata-se da *constituição interior* de uma linha, de tal modo que entre dois *pontos* dados só pode existir uma *única* linha, ao passo que na segunda se trata da *posição* de duas *linhas* que se cortam ou chocam entre si, de tal modo que também só pode haver uma *única* (a perpendicular) que, não se inclinando mais para um lado do que para o outro, divide o espaço em duas partes iguais. Segundo esta analogia, também a doutrina do direito quer saber determinar a cada um o *seu* (com precisão matemática), o que não se deve esperar na *doutrina da virtude*, já que esta não pode recusar um certo espaço às exceções (*latitudinem*). – Sem entrar na esfera da ética, porém, há dois casos que demandam uma decisão jurídica, mas para os quais não se pode encontrar nenhuma e que, de certo modo, pertencem aos *Intermundia* de *Epicuro*. – Tais casos devem ser, antes de mais nada, excluídos da verdadeira Doutrina do Direito, à qual passaremos em breve, de modo que seus princípios vacilantes não tenham influência sobre os firmes princípios da primeira.

APÊNDICE À INTRODUÇÃO À DOUTRINA DO DIREITO

Do direito equívoco
(*Ius aequivocum*)

A todo direito em sentido *estrito* (*ius strictum*) está ligada a competência para coagir. Mas também se pode pensar um direito em // sentido *amplo* (*ius latum*) em que a competência para coagir não pode ser determinada por nenhuma lei. – Esses direitos, verdadeiros ou supostos, são dois: a *equidade* e o *direito de necessidade*, o primeiro deles admitindo um direito sem coerção; o segundo, uma coerção sem direito. E é fácil perceber que esta ambiguidade repousa realmente no fato de que há casos de um direito duvidoso cuja decisão nenhum juiz pode ter tomado.

I
A equidade
(Aequitas)

A *equidade* (objetivamente considerada) não é razão, de modo algum, para apelar meramente ao dever ético de outrem (sua benevolência e bondade), mas sim um modo de alguém exigir algo com base nela apoiando-se em seu direito, mesmo que lhe faltem as condições de que o juiz precisaria para poder determinar o quanto ou de que modo sua exigência poderia ter sido satisfeita. Aquele que, em uma sociedade mercantil (*Maskopei*) constituída sobre ganhos iguais, fez mais, mas também, devido a circunstâncias acidentais, perdeu mais nisso do que os demais membros, pode, em *nome da equidade*, exigir mais da sociedade do que a mera divisão de partes iguais com os outros. Contudo, segundo o direito em sentido próprio (estrito), aquele alguém, com sua exigência, seria recusado, porque, quando se imagina um juiz em seu caso, este não tem quaisquer dados (*data*) precisos para decidir o quanto caberia a ele segundo o contrato. O servente doméstico a quem é pago o salário corrente até o final do ano em moeda que se desvalorizou durante esse tempo, de modo que ele não pode obter aquilo que podia comprar no fechamento do contrato, não pode invocar, perante o igual valor numérico, mas desigual valor monetário, seu direito a ser por isso indenizado; ele pode somente apelar à equidade como fundamento (uma divindade muda, que não pode ser ouvida). Visto que nada sobre isso foi definido no contrato, um juiz não pode falar segundo condições indeterminadas.

Disso se segue também que um *tribunal de equidade* (em um conflito de outrem sobre seus direitos) encerra em si uma contradição. Apenas lá onde diz respeito aos direitos próprios do juiz, e naquilo de que // pode dispor pessoalmente, ele pode e deve dar ouvido à equidade; por exemplo, quando a coroa assume os danos que outros têm sofrido a seu serviço e cuja reparação se implora, muito embora pudesse recusar esta exigência, segundo o direito estrito, sob o pretexto de que assumiram tais danos por seu próprio risco.

O *lema* (*dictum*) da *equidade* é, sem dúvida, "o direito mais estrito é a maior injustiça" (*summum ius summa iniuria*). Este mal, porém, não deve ser remediado pelo caminho do que é de direito, ainda que se refira a uma exigência jurídica, porque esta pertence apenas ao *tribunal da consciência* (*forum poli*), ao contrário de toda questão jurídica que precisa ser levada ao *direito civil* (*forum soli*).

II
O direito de necessidade
(Ius necessitatis)

Este presumível direito deve ser uma competência para, em caso de perigo da perda de minha própria vida, tomar a vida de um outro que não me causou nenhum sofrimento. É evidente que nisso deve estar contida uma contradição da doutrina do direito consigo mesma – pois não se trata aqui de um *injusto* agressor da minha vida, ao qual me antecipo com a privação da sua (*ius inculpatae tutelae*), caso em que a recomendação de moderação (*moderamen*) nem sequer pertence ao direito, mas somente à ética; trata-se antes de uma violência permitida contra alguém que não exerceu contra mim violência alguma.

É claro que essa afirmação não deve ser entendida objetivamente, segundo aquilo que uma lei prescreve, mas apenas subjetivamente, tal como seria pronunciada a sentença diante de um tribunal. Não pode haver, pois, nenhuma *lei penal* que condene à morte quem em um naufrágio, correndo com um outro o mesmo risco de vida, lhe empurre da tábua em que se refugiou para salvar-se a si mesmo. Porque a pena que a lei ameaçasse certamente não poderia ser maior do que a perda de sua vida. Ora, uma semelhante lei penal não pode ter de modo algum o efeito pretendido, pois a ameaça de um mal que é todavia *incerto* (o da morte por sentença judicial) não pode superar o medo diante do mal que é *certo* (quer dizer, do afogamento). Portanto, o ato da autoconservação // violenta não deve ser julgado como algo *não condenável* (*inculpabile*), mas apenas como algo *não punível* (*impunibile*), embora, por uma assombrosa confusão dos jurisconsultos, esta impunidade *subjetiva* seja considerada *objetiva* (conforme a lei).

O lema do direito de necessidade é: "A necessidade não tem mandado (*necessitas non habet legem*)". E, do mesmo modo, não pode haver necessidade que torne conforme à lei o que é injusto.

Vê-se que nestes dois juízos jurídicos (segundo o direito de equidade e o direito de necessidade) a equivocidade (*aequivocatio*) surge da confusão dos fundamentos objetivos com os subjetivos do exercício do direito (diante da razão e de um tribunal), pois o que alguém com boas razões reconhece por si mesmo como justo não pode encontrar confirmação diante de um tribunal, e o que ele tem de julgar em si como injusto pode obter indulgência diante do mesmo; porque o conceito de direito, nesses dois casos, não é tomado no mesmo significado.

Divisão da doutrina do direito

A
Divisão geral dos deveres jurídicos

Pode-se muito bem fazer esta divisão segundo Ulpiano se dermos a suas fórmulas um sentido que ele certamente não poderia ter concebido com clareza, mas que elas permitem, todavia, desenvolver ou introduzir. Elas são as seguintes:

1) *Seja um homem correto* (*honeste vive*). A honestidade jurídica (*honestas iuridica*) consiste no seguinte: afirmar na relação com os outros o seu próprio valor como o de um homem. Dever este que se expressa na proposição: "Não faça de si um simples meio para os demais, mas seja para eles ao mesmo tempo um fim". Este dever será explicado no que segue como obrigação surgida do *direito* da humanidade em nossa própria pessoa (*Lex iusti*).

2) *Não faça mal a ninguém* (*neminem laede*), ainda que para isso devesse se desprender de toda relação com o outro e tivesse de evitar toda sociedade (*Lex iuridica*).

// 3) *Entre* (se você não pode evitar o último) em uma sociedade com outros na qual cada um possa conservar o seu (*suum cuique tribue*). A última fórmula proferiria um absurdo se fosse traduzida assim: "dê a cada um o *seu*". Pois não se pode dar a ninguém o que ele já tem. Se ela deve ter, portanto, um sentido, então teria de dizer assim: "*entre* em um estado no qual a cada um possa ser assegurado o seu diante dos demais" (*Lex iustitiae*).

As três fórmulas clássicas acima mencionadas são ao mesmo tempo, portanto, princípios da divisão do sistema dos deveres jurídicos em deveres *internos*, *externos* e aqueles que contêm a derivação dos últimos a partir do princípio dos primeiros por subsunção.

B
Divisão geral dos direitos

1) Dos direitos enquanto *doutrinas* sistemáticas: *direito natural*, que só se baseia em princípios *a priori*, e *direito positivo* (estatutário), que procede da vontade de um legislador.

2) Dos direitos enquanto *capacidades* (morais) de obrigar aos outros, isto é, enquanto um fundamento legal em relação a eles (*titulum*) cuja divisão suprema é entre direito *inato* e *adquirido*: o primeiro é aquele que compete a cada um por natureza, independentemente de qualquer ato jurídico; o segundo é aquele para o qual é requerido um ato desse tipo.

O meu e o seu inatos podem também ser denominados *interiores* (*meum vel tuum internum*), pois o que é exterior tem de ser sempre adquirido.

O direito inato é apenas um único

A *liberdade* (a independência em relação ao arbítrio coercitivo de um outro), na medida em que possa coexistir com a liberdade de qualquer outro segundo uma lei universal, é esse direito único, originário, que cabe a todo homem em virtude de sua humanidade. – E as seguintes competências já estão no princípio da liberdade inata e dela não se distinguem realmente (como membros da divisão sob um conceito superior do direito): a *igualdade* inata, isto é, a independência que consiste em não ser obrigado por outrem senão àquelas coisas a que também reciprocamente se pode obrigá-los; por conseguinte, a // qualidade do homem de ser seu *próprio senhor* (*sui iuris*); de igual modo, a qualidade de ser um homem *íntegro* (*iusti*) porque anteriormente a qualquer ato jurídico não fez nada de incorreto; por fim, também a competência para fazer a outrem o que em si não os prejudica no que é seu, supondo que eles não querem apenas aceitá-lo, tal como simplesmente comunicar-lhes o seu pensamento, contar-lhes ou prometer-lhes algo, ser verdadeiro e sincero, ou mentiroso e falso (*veriloquium aut falsiloquium*), simplesmente porque depende disso se irão ou não crer nele[5]. Todas essas faculdades residem já no princípio da liberdade inata e de fato não são verdadeiramente distintas dele (como membros da divisão de um conceito superior de direito).

Foi introduzida uma tal divisão no sistema do direito natural (na medida em que se refere ao direito inato) com o propósito de, quando surge uma disputa em torno de um direito adquirido e se pergunta a quem cabe a obrigação da prova (*onus probandi*) – seja de um ato duvidoso, seja (se este é questionado) de um direito duvidoso –, permitir àquele que se recusa a esta obrigação recorrer, metodicamente e também como que conforme a vários títulos jurídicos, a seu direito inato à liberdade (que então é especificado segundo suas relações).

Posto que, no que diz respeito ao inato, por conseguinte ao meu e seu internos, não existem *direitos*, mas apenas *um direito*, então essa divisão suprema, enquanto constituída por dois membros extremamente desiguais quanto ao conteúdo, pode ser projetada nos prolegômenos e a divisão da doutrina do direito pode ser meramente referida ao meu e ao seu exteriores.

// DIVISÃO DA METAFÍSICA DOS COSTUMES EM GERAL

I

Todos os deveres são ou *deveres jurídicos* (*officia iuris*), isto é, aqueles para os quais é possível uma legislação externa, ou *deveres de virtude* (*officia virtutis, s. ethica*), para os quais não é possível uma tal legislação. Os últimos, porém, não podem ser submetidos a nenhuma legislação externa porque se dirigem a um *fim* que é simultaneamente dever (ou que é um dever ter), mas nenhuma legislação externa pode conseguir que alguém se proponha um fim (porque isto é um ato interno do ânimo); ainda que possam ser ordenadas ações externas que levem a ele, sem que o sujeito as tome como um fim para si.

Por que, entretanto, a doutrina dos costumes (moral) é usualmente intitulada doutrina dos *deveres* (principalmente por Cícero), e não também doutrina dos *direitos*, se uns se referem aos outros? – A razão é esta: só conhecemos nossa própria liberdade (da qual procedem todas as leis morais, portanto também todos os direitos, assim como os deveres) através do *imperativo moral*, que é uma *proposição* que ordena o dever e a partir da qual pode ser desenvolvida, depois, a faculdade de obrigar aos outros, isto é, o conceito do direito.

II

Posto que na doutrina dos deveres o homem pode e deve ser representado segundo a propriedade de sua faculdade da liberdade, que é totalmente suprassensível – portanto também somente segundo a sua *humanidade*, como personalidade independente de determinações físicas (*homo noumenon*), à diferença deste mesmo *homem* enquanto sujeito afetado por essas determinações (*homo phaenomenon*) –, então o direito e o fim, referidos novamente ao dever nesta dupla propriedade, fornecerão a seguinte divisão.

// **Divisão segundo a relação objetiva da lei com o dever**

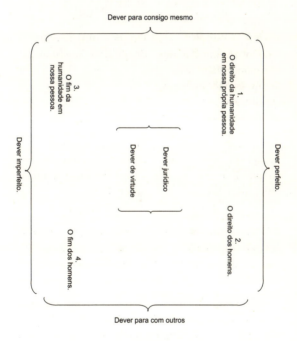

// **III**

Posto que os sujeitos, a respeito dos quais é pensada uma relação do direito com o dever (seja lícita ou ilícita), assumem distintas relações, então também com esse propósito pode ser proposta uma divisão.

Divisão segundo a relação subjetiva dos obrigantes e obrigados

1.	2.
A relação jurídica do homem com seres que não têm direitos nem deveres.	A relação jurídica do homem com seres que têm tanto direitos como deveres.
Vacat.	Adest.
Porque são seres irracionais, que não nos obrigam e em relação aos quais não podemos ser obrigados.	Porque é uma relação de homens com homens.
3.	4.
A relação jurídica do homem com seres que só têm deveres e nenhum direito.	Relação jurídica do homem com um ser que só tem direitos e nenhum dever (Deus).
Vacat.	Vacat.
Porque seriam homens sem personalidade (servos, escravos).	A saber, na mera filosofia, porque não é objeto da experiência possível.

Somente no n. 2, portanto, encontra-se uma relação *real* entre direito e dever. A razão pela qual não a encontramos também no n. 4 é: porque seria um dever *transcendente*, isto é, um tal a que não pode *ser dado* nenhum sujeito obrigante externo que lhe corresponda. Do ponto de vista teórico, assim, a relação é apenas *ideal*, isto é, relativa a um produto do pensamento que nós mesmos *fazemos* por meio não de seu conceito inteiramente vazio, mas do conceito fecundo que se refere a nós mesmos e às máximas da moralidade interna – um ponto de vista prático interno, portanto. Donde também o nosso dever puramente imanente // (realizável) consistir apenas nessa relação meramente pensada.

o que contém não somente os materiais, mas também a forma arquitetônica de uma doutrina científica dos costumes; caso os primeiros princípios metafísicos tenham desvelado, para isso, todos os princípios universais.

* * *

A divisão suprema do direito natural <*Naturrecht*> não pode ser entre direito de natureza <*natürliche Recht*> e direito *de sociedade* (como costuma ocorrer), mas tem de ser entre direito de natureza e direito *civil* – dos quais o primeiro se denomina *direito privado* e o segundo, *direito público*. Pois ao *estado de natureza* não se contrapõe o estado de sociedade, mas sim o civil. Porque naquele pode muito bem haver sociedade, mas ela não é *civil* (aquela que assegura o meu e o seu por meio de leis públicas): daí o direito, no primeiro caso, chamar-se direito privado.

// PRIMEIRA PARTE DA DOUTRINA DO DIREITO

O DIREITO PRIVADO

// Primeira parte da doutrina geral do direito

O DIREITO PRIVADO SOBRE O MEU E O SEU EXTERIORES EM GERAL

PRIMEIRO CAPÍTULO
DO MODO DE TER ALGO EXTERIOR COMO SEU

§ 1

O *juridicamente meu* (*meum iuris*) é aquilo com que estou tão ligado que o uso que alguém dele fizesse sem meu consentimento me lesaria. A condição subjetiva da possibilidade do uso em geral é a *posse*.

Mas algo *exterior* só seria meu, então, sob a suposição de que o uso que alguém fizesse de uma coisa poderia lesar-me *mesmo eu não estando de posse dela*. – Ter algo exterior como seu seria contraditório em si mesmo, portanto, se o conceito de posse não fosse suscetível de diferentes significados, a saber, o de posse *sensível* e o de posse *inteligível*, e se não se pudesse entender sob um a posse *física*, sob o outro uma posse *meramente jurídica* do mesmo objeto.

A expressão "um objeto está *fora de mim*" pode ou significar apenas que ele é um objeto *diferente* de mim (o sujeito), ou também que se encontra situado em *outro lugar* (*positus*) no espaço ou no tempo. Somente quando tomada no primeiro significado pode a posse ser pensada como posse racional; no segundo, porém, ela teria de ser uma posse empírica. – Uma // posse *inteligível* (se uma tal é possível) é uma posse *sem detenção* (*detentio*).

§ 2
Postulado jurídico da razão prática

É possível ter como meu qualquer objeto exterior de meu arbítrio. Ou seja: é contrária ao direito uma máxima tal que, se ela se tornasse lei, um objeto do arbítrio teria de ser, *em si* (objetivamente), *sem dono* (*res nullius*).

Pois um objeto de meu arbítrio é algo que eu teria *fisicamente* sob meu poder para utilizar. Caso, no entanto, ele não esteja *juridicamente* em meu poder, quer dizer, não seja compatível com a liberdade de todos segundo uma lei universal (seja injusta), então a liberdade se privaria a si mesma de usar o seu arbítrio em relação a um objeto do mesmo na medida em que colocasse fora de qualquer possibilidade de *uso* os objetos *utilizáveis*, isto é, os aniquilasse do ponto de vista prático e os transformasse em *res nullius* – mesmo que, *formaliter*, o arbítrio no uso das coisas concordasse com a liberdade externa de cada um segundo leis universais. – Como a razão pura prática, porém, só estabelece como fundamentos leis formais do uso do arbítrio, e portanto abstrai da matéria deste, isto é, das demais propriedades do objeto *enquanto objeto do arbítrio*, então ela não pode, com vistas a um tal objeto, conter nenhuma proibição absoluta de seu uso, pois isso seria uma contradição da liberdade externa consigo mesma. – Um objeto de meu *arbítrio*, contudo, é aquilo que tenho a capacidade física de usar como me aprouver quando seu uso está em meu poder (*potentia*): isso deve ser distinguido de ter o mesmo objeto em meu domínio (*in potestatem meam redactum*), o que pressupõe não apenas uma *capacidade*, mas também um *ato* do arbítrio. Para apenas *pensar* algo como objeto de meu arbítrio, porém, é suficiente eu ser consciente de que o tenho em meu poder. – É uma suposição *a priori* da razão prática, portanto, considerar e tratar cada objeto de meu arbítrio, objetivamente, como um possível meu ou seu.

// Esse postulado pode ser denominado uma lei permissiva (*lex permissiva*) da razão prática e nos dá uma competência que não poderíamos extrair dos meros conceitos do direito em geral, a saber, a competência de impor a todos os outros a obrigatoriedade, que de outro modo eles não teriam, de abster-se de determinados objetos de nosso arbítrio porque nós deles tomamos posse primeiramente. A razão quer que este postulado valha como princípio, e isto certamente como razão *prática*, que através dele se amplia *a priori*.

§ 3

Tem de estar em posse do objeto quem deseja afirmar que tem uma coisa como sua. Afinal, se ele não estivesse em tal posse não poderia ser lesado pelo uso que alguém fizesse do objeto sem seu consentimento. Pois se algo externo ao objeto, que com ele não tem qualquer relação jurídica, afeta-o, este algo não poderia afetar ao próprio sujeito, nem ser injusto com ele.

§ 4
Exposição do conceito do meu e do seu exteriores

Os objetos exteriores de meu arbítrio só podem ser *três*: 1) uma *coisa* (corporal) fora de mim; 2) o *arbítrio* de um outro em relação a um feito determinado (*praestatio*); 3) o *estado* de um outro em relação a mim; conforme as categorias de *substância, causalidade* e *comunidade* entre mim e os objetos exteriores, segundo as leis da liberdade.

a) Não posso denominar meu a um objeto no *espaço* (uma coisa corporal) exceto se, *ainda que não esteja em posse física do mesmo*, eu possa afirmar, todavia, que estou em sua posse efetiva (portanto não física). – Assim, não denominarei como minha uma maçã porque a tenho em minha mão (a possuo fisicamente), mas apenas se puder dizer que a possuo, ainda que a tenha largado onde quer que seja; do mesmo modo, não poderei dizer do solo sobre o qual descanso que por isso seja meu, mas apenas se puder afirmar que está sempre em minha posse, ainda que eu tenha abandonado esse lugar. Pois // no primeiro caso (o da posse empírica) quem quisesse arrancar de mim a maçã, ou expulsar-me de meu leito, sem dúvida me lesaria quanto ao que é meu *internamente* (a liberdade), mas não quanto ao que é meu externamente, se eu não pudesse afirmar estar em posse do objeto, mesmo sem detê-lo; eu não poderia, portanto, denominar meus estes objetos (a maçã e o leito).

b) Não posso denominar minha a *prestação* de algo pelo arbítrio de outro se posso apenas dizer que ela chegou à minha posse ao mesmo tempo em que a sua promessa (*pactum re initum*), mas somente se puder afirmar que estou em posse do arbítrio do outro (para determinar este à prestação), ainda que o momento da prestação ainda esteja por vir. A promessa do último pertence então aos haveres e aos bens (*obligatio activa*) e posso contá-la como minha não somente se já tenho em minha posse o *prometido* (como no primeiro caso), mas mesmo se ainda não o possuo. Eu tenho, pois, de poder pensar-me como independente da posse restrita à condição temporal, por conseguinte da posse empírica, e contudo como estando na posse desse objeto.

c) A uma *mulher*, uma *criança*, um *criado* e, em geral, uma outra pessoa, posso denominar como meus não porque agora os comande como pertencentes à minha comunidade doméstica ou os tenha sob meu domínio, em meu poder e minha posse, mas se, ainda que se tenham subtraído à coerção e que, portanto, não os possua (empiricamente), eu puder dizer que os possuo por minha simples vontade enquanto existirem em qualquer lugar e em qualquer momento, portanto, de modo *meramente jurídico*. Eles pertencem ao meu haver, pois, somente se, e na medida em que, posso fazer esta última afirmação.

§ 5
Definição do conceito do meu e do seu exteriores

A *definição nominal*, isto é, aquela que basta simplesmente para *distinguir* um objeto de todos os outros e resulta de uma *exposição* completa e determinada do conceito, seria a seguinte: o meu exterior é aquilo fora de mim, de tal modo que seria uma lesão impedir-me o uso dele que me apraz // (dano à minha liberdade, que pode coexistir com a liberdade de qualquer outro segundo uma lei universal). – Mas a *definição real* desse conceito, isto é, aquela que basta também para a *dedução* do mesmo (o conhecimento da possibilidade do objeto), diz assim: o meu exterior é aquilo de cujo uso seria lesão estorvar-me, *ainda que eu não esteja em posse do mesmo* (não seja detentor do objeto). – Tenho de estar de algum modo na posse do objeto exterior se ele deve ser denominado *meu*, pois, do contrário, quem o afeta contra minha vontade não me afeta ao mesmo tempo e, portanto, tampouco me lesa. Na sequência do § 4, assim, tem de ser pressuposta como possível uma *posse inteligível* (*possessio noumenon*) se deve haver um meu ou seu exterior; a posse empírica (detenção) é então apenas posse no *fenômeno* (*possessio phaenomenon*), embora o *objeto* que possuo não seja aqui considerado como fenômeno, como ocorre na "Analítica transcendental", mas como coisa em si mesma. Lá, tratava-se da razão no conhecimento teórico da natureza das coisas e de até onde ela poderia alcançar, mas aqui se trata da determinação prática do arbítrio conforme as leis da *liberdade*, seja o objeto cognoscível pelos sentidos ou meramente pelo entendimento puro, e o *direito* é esse *conceito racional* puro e prático do arbítrio sob leis da liberdade.

Precisamente por isso se deveria dizer corretamente não "possuir um direito sobre este ou aquele objeto", mas antes "possuí-lo *apenas juridicamente*"; pois o direito já é uma posse intelectual de um objeto, e "possuir uma posse" seria uma expressão sem sentido.

§ 6
Dedução do conceito da posse meramente jurídica de um objeto exterior (possessio noumenon)

A questão "como são possíveis um *meu* e *seu exteriores*?" se resolve na questão "como é possível uma *posse meramente jurídica* (inteligível)?", e esta, por sua vez, na terceira: "Como é possível uma proposição jurídica *sintética a priori*?"

Todas as proposições jurídicas são proposições *a priori* porque são leis racionais (*dictamina rationis*). A proposição jurídica *a priori* concernente à // *posse empírica* é *analítica*, pois nada mais diz do que aquilo que se segue dessa posse segundo o princípio de contradição. Ou seja, se sou detentor de uma coisa (portanto estou a ela ligado fisicamente), então aquele que a afeta contra meu consentimento (por exemplo retirando-me a maçã da mão) afeta o internamente meu (minha liberdade) e o reduz: em sua máxima, portanto, ele está em contradição direta com o axioma do direito. A proposição acerca de uma posse empírica conforme ao direito não vai além do direito de uma pessoa em vista dela mesma.

Em contrapartida, a proposição sobre a possibilidade da posse de uma coisa *fora de mim*, por abstração de todas as condições da posse empírica no espaço e no tempo (a pressuposição, portanto, da possibilidade de uma *possessio noumenon*), vai além daquelas condições restritivas e, porque estabelece uma posse, mesmo sem detenção, como necessária para o conceito do meu e do seu exteriores, ela é sintética e pode servir à razão enquanto tarefa de mostrar como é possível uma tal proposição *a priori* que se estende para além do conceito de posse empírica.

Desse modo, a possessão de um terreno particular, por exemplo, é um ato do arbítrio privado sem ser todavia autoritário. O possuidor se baseia na *posse comum* inata do solo e na vontade universal *a priori*, que lhe é correspondente, de permitir uma *posse privada* do mesmo (porque, do contrário, as coisas desocupadas tornar-se-

-iam, em si e segundo uma lei, coisas sem dono). Pela primeira possessão, ele adquire originariamente um determinado terreno ao opor-se com direito (*iure*) a qualquer outro que o estorvasse no uso privado do mesmo, ainda que no estado de natureza isso não se faça por via jurídica (*de iure*) porque nele não existe ainda nenhuma lei pública.

Mesmo que um terreno fosse considerado ou declarado como *livre*, isto é, aberto ao uso de qualquer um, não se pode dizer, todavia, que ele seja livre por natureza e *originariamente*, antes de todo ato jurídico, pois também isso seria uma relação com coisas, a saber, com o solo, que negaria a todos a sua posse. Pode-se dizer, com efeito, que ela é livre apenas porque essa liberdade do solo seria para cada um a proibição de servir-se dele, algo para que se exige uma posse comum do mesmo que não pode realizar-se sem contrato. Contudo, um terreno que só pode ser livre por meio de contrato tem de estar efetivamente na posse de todos aqueles (associados entre si) que, reciprocamente, se proíbem ou suspendem o uso do mesmo.

251 // Essa comunidade *originária* do solo e, com ela, também das coisas que nele se encontram (*communio fundi originaria*) é uma ideia que tem realidade objetiva (jurídico-prática) e diferencia-se completamente da comunidade *primitiva* (*communio primaeva*), que é uma ficção, porque esta deveria ter sido uma comunidade *instituída* e ter resultado de um contrato através do qual todos renunciassem à posse privada e no qual cada um, por meio da unificação de sua possessão com a dos outros, transformasse a posse privada em uma posse comum – e a história deveria dar-nos uma prova disso. Entretanto, é uma contradição considerar tal procedimento como tomada de posse *originária* e julgar que sobre isso se

tenha podido e devido fundamentar a posse particular de cada homem.

Da posse (*possessio*) se diferencia todavia a *residência* (*sedes*); e da tomada de posse do solo com o propósito de adquiri-lo algum dia se diferencia a colonização, o assentamento (*incolatus*), que é uma posse privada permanente de um lugar que depende da presença do sujeito no mesmo. Não se trata aqui da colonização enquanto um segundo ato jurídico, que pode seguir-se à tomada de posse ou que pode também ficar por realizar-se, porque ele não seria uma posse originária, mas sim derivada do consentimento de outros.

A mera posse física (a detenção) do solo é já um direito sobre uma coisa, apesar de certamente não ser suficiente para eu considerar o solo como meu. No que diz respeito aos outros, ela concorda, enquanto primeira posse (tanto quanto se sabe), com a lei da liberdade externa e, ao mesmo tempo, está contida na posse comum originária, que contém *a priori* o fundamento da possibilidade de uma posse privada; por conseguinte, perturbar o primeiro detentor de um terreno em seu uso do mesmo é uma lesão. Assim, a primeira tomada de posse tem para si um fundamento jurídico (*titulus possessionis*), a posse comum originária, e a proposição "feliz é aquele que possui!" (*beati possidentes*), posto que ninguém está obrigado a atestar sua posse, é um princípio do direito de natureza que institui a primeira tomada de posse como fundamento jurídico para a aquisição e no qual pode basear-se todo primeiro possuidor.

Em um princípio *teórico a priori* (segundo a // *Crítica da razão pura*) uma intuição *a priori* teria de ser subsumida ao conceito dado e, por conseguinte, algo teria de ser *acrescentado* ao conceito da posse do objeto. Neste princípio prático, no entanto, procede-se inversamente, e todas as condições da intuição que fundamentam a posse empírica têm de ser *omitidas* (prescindir delas) para *estender* o conceito de posse além da posse empírica e poder dizer: pode ser contado como juridicamente meu qualquer objeto exterior do arbítrio que eu tenha em meu poder (e só na medida em que o tenha), mesmo que não esteja em posse dele.

A possibilidade de uma tal posse, consequentemente a dedução do conceito de uma posse não empírica, fundamenta-se no postulado jurídico da razão prática – "é dever jurídico atuar em relação aos outros de tal modo que o externo (útil) possa também tornar-se o seu para qualquer pessoa" –, dedução que se liga, ao mesmo tempo, à exposição do último conceito que funda o externamente seu sobre uma posse *não física*. A possibilidade desta última, no entanto, não pode de modo algum provar-se ou discenir-se por si mesma (precisamente porque é um conceito racional, ao qual não pode ser dada nenhuma intuição correspondente), mas é, antes, uma consequência imediata do postulado pensado. Pois, se é necessário agir segundo aquele princípio jurídico, então também tem de ser possível a condição inteligível (de uma mera posse jurídica). – A ninguém deve estranhar que os princípios *teóricos* do meu e do seu exteriores se percam no inteligível e não representem nenhuma ampliação do conhecimento. Pois o conceito de liberdade, sobre o qual se apoiam, não é suscetível de nenhuma dedução teórica de sua possibilidade e pode apenas ser inferido da lei prática da razão (o imperativo categórico) como um fato da mesma.

§ 7
Aplicação do princípio da possibilidade do meu e do seu exteriores a objetos da experiência

O conceito de uma posse meramente jurídica não é empírico (dependente das condições do espaço e do tempo) e, não obstante, tem // realidade prática, isto é, tem de ser aplicável a objetos da experiência cujo conhecimento depende daquelas condições. – O modo de proceder com o conceito de direito, relativamente a esses objetos como possíveis meu e seu exteriores, é o seguinte: o conceito jurídico, que está meramente na razão, não pode ser aplicado *imediatamente* aos objetos da experiência e ao conceito de uma *posse* empírica, mas tem de ser aplicado primeiro ao conceito puro do entendimento de uma *posse* em geral, de tal modo que, em vez da *detenção* (*detentio*) como representação empírica da posse, seja pensado o conceito de *ter* que abstrai de todas as condições do tempo e do espaço, e com ele que o objeto está em *meu poder* (*in potestate mea positum esse*). Desse modo, a expressão "exterior" não significa a existência em *outro lugar*, diferente daquele em que estou, ou a decisão de minha vontade e a aceitação em outro tempo, diferente daquele da oferta, mas tão somente um objeto *diferente* de mim. Ora, a razão prática, por meio de sua lei jurídica, quer que eu pense o meu e o seu na aplicação aos objetos, bem como a sua posse, não segundo as condições sensíveis, mas abstraindo das mesmas, porque isso diz respeito a uma determinação do arbítrio segundo leis da liberdade e somente um *conceito do entendimento* pode ser subsumido sob conceitos jurídicos. Direi que possuo um campo, portanto, mesmo que ele esteja em um lugar completamente diferente daquele em que efetivamente me encontro. Pois aqui se trata somente de uma relação intelectual com o objeto na medida em que o tenho em *meu poder* (um conceito de posse, do entendimento, que independe das determinações espaciais) e ele é *meu* porque minha vontade, que é determinante em qualquer uso do mesmo, não contradiz a lei da liberdade externa. E isso justamente porque o fundamento de validade de um tal conceito de posse (*possessio noumenon*) como *legislação* universalmente válida consiste em que, *abstração feita* da posse fenomênica (a detenção) desse objeto de meu arbítrio, a razão prática quer que se pense a posse segundo conceitos do entendimento e, dentre estes, segundo aqueles que, não sendo empíricos, podem conter *a priori* as condições da mesma. Pois uma tal legislação está contida na expressão "este objeto exterior é *meu*", por meio da qual será imposta a todos os outros a obrigação, que do contrário não teriam, de abster-se do uso do mesmo.

Assim, o modo de ter algo exterior a mim como meu é, independentemente da relação com o objeto no espaço e no tempo, a // ligação meramente jurídica da vontade do sujeito com o mesmo segundo o conceito de uma posse inteligível. – Um lugar sobre a terra, portanto, não é um meu exterior porque eu o ocupe com meu corpo (pois isso se refere apenas à minha *liberdade* externa, portanto à posse de mim mesmo – não de uma coisa exterior a mim – e trata-se apenas, assim, de um direito interno), mas, se ainda o possuo mesmo me tendo dele distanciado e estando em outro lugar, então – e apenas então – diz ele respeito a meu direito externo. E aquele que quiser fazer da permanente posse desse lugar por minha pessoa uma condição para tê-lo como meu terá de ou afirmar que absolutamente não é possível ter algo exterior como seu (o que contradiz o postulado do § 2), ou exigir que, para tê-lo como meu, eu tenha de estar em dois lugares ao mesmo tempo, o que equivale a dizer que devo estar e não estar em um lugar – com o que ele se contradiz a si mesmo.

Isso pode ser aplicado também ao caso em que eu tenha aceitado uma promessa, pois aqui o meu possuir e minha posse, relativa ao prometido, não são suprimidos pelo fato de aquele que promete, em algum momento, ter dito "esta coisa deve ser sua", para algum tempo depois dizer, da mesma coisa, "agora quero que a coisa não seja sua". Porque, em tais relações intelectuais, é como se esse indivíduo, sem intervalo de tempo entre as duas declarações, tivesse dito "ela deve ser sua" e "ela não deve ser sua", o que se contradiz a si mesmo.

O mesmo vale também para o conceito de posse jurídica de uma pessoa como pertencente aos haveres do sujeito (sua mulher, seu filho, seu criado): essa comunidade doméstica e a posse recíproca do estado de todos os seus membros não é suprimida pela faculdade de *localmente* separarem-se uns dos outros, pois o que os une é uma relação *jurídica* – e o meu e o seu exteriores, aqui como nos casos precedentes, apoiam-se inteiramente na pressuposição da possibilidade de uma posse racional pura sem detenção.

No que diz respeito ao conceito de meu e de seu exteriores, a crítica da razão prático-jurídica será levada, com efeito, a uma antinomia das proposições sobre a possibilidade de uma tal posse. Ou seja: somente por uma dialética inevitável, em que tese e antítese // possuem ambas a mesma pretensão com relação à validade das duas condições conflitantes entre si, será a razão forçada, também em seu uso prático (no que concerne ao direito), a fazer uma distinção entre a posse como fenômeno e a posse que é pensável apenas pelo entendimento.

A *tese* diz: *É possível* ter algo exterior como meu, ainda que eu não esteja em posse do mesmo.

A *antítese*: *Não é possível* ter algo exterior como meu se não estou em posse do mesmo.

Solução: As duas proposições são verdadeiras: a primeira se entendo por posse a posse empírica (*possessio phaenomenon*), a outra se entendo por essa palavra a pura posse inteligível (*possessio noumenon*). – A possibilidade de uma posse inteligível, porém, e também, portanto, a do meu e do seu exteriores, não se deixa apreender diretamente, mas tem de ser deduzida do postulado da razão prática. E é particularmente notável que esta, sem intuições e mesmo sem recorrer a uma *a priori*, *amplie-se* pela simples *eliminação* das condições empíricas, legitimada pela lei da liberdade, e assim possa estabelecer proposições jurídicas *sintéticas a priori* cuja prova (como logo será demonstrado) pode depois, de um ponto de vista prático, ser apresentada de modo analítico.

§ 8
Ter algo exterior como seu só é possível em um estado jurídico sob um poder público legislativo, isto é, em um estado civil

Se declaro (verbalmente ou por meio de atos) pretender que algo exterior seja meu, então declaro a todos como obrigatório abster-se do objeto de meu arbítrio: uma obrigatoriedade que ninguém teria sem esse meu ato jurídico. Nessa pretensão, porém, está contido ao mesmo tempo o reconhecimento de estar reciprocamente obrigado à abstenção equivalente, em relação a todos, no que diz respeito ao seu exterior; pois a obrigatoriedade procede aqui de uma regra universal da relação jurídica exterior. Não sou obrigado, pois, a deixar intacto o seu exterior de outrem, se cada um não me assegura também, em contrapartida, que se comportará // segundo o mesmo princípio no que diz respeito ao meu. Trata-se de uma segurança que não demanda, em absoluto, nenhum ato jurídico particular, mas já está contida no conceito de uma obrigação jurídica externa devido à universalidade e, portanto, também à reciprocidade da obrigação a partir de uma regra universal. – Ora, a vontade unilateral em vista de uma posse exterior e, portanto, contingente, não pode servir de lei coercitiva para todos porque isso prejudicaria a liberdade segundo leis universais. Portanto, somente uma vontade que obriga a cada qual e que é, por conseguinte, coletivamente universal (comum) e detentora de poder, pode oferecer a cada um aquela segurança. – Mas o estado submetido a uma legislação externa universal (isto é, pública) acompanhada de poder é o estado civil. Somente no estado civil, pois, podem existir um meu e um seu exteriores.

Corolário: Se deve ser juridicamente possível ter um objeto exterior como seu, então também deve ser permitido ao sujeito *forçar* qualquer outro, com quem ele entre em conflito sobre o meu e o seu acerca de tal objeto, a entrar com ele em uma constituição civil.

§ 9
No estado de natureza podem ter lugar, no entanto, um meu e seu exteriores efetivos, embora apenas **provisórios**

O *direito natural* no estado de uma constituição civil (quer dizer, aquele que para ela pode ser derivado de princípios *a priori*) não pode ser prejudicado pelas leis estatutárias desta última, e assim permanece em vigor o princípio jurídico: "Lesa-me quem procede segundo uma máxima pela qual me é impossível ter um objeto de meu arbítrio como meu". Pois a constituição civil é somente o estado jurídico por meio do qual o seu é assegurado a cada um, ainda que sem ser, a rigor, constituído e determinado. – Toda garantia já pressupõe, pois, o seu de alguém (a quem isso é assegurado). Por conseguinte, antes da constituição civil (ou *abstraindo* dela) têm de ser admitidos como possíveis um meu e um seu exteriores e, ao mesmo tempo, o direito de forçar qualquer um, com quem poderíamos de algum modo nos relacionar, a entrar conosco em uma constituição em que o meu e o seu possam ser assegurados. – Na // espera e preparação de um tal estado, que só pode ser fundado em uma lei da vontade comum e que assim está de acordo com a *possibilidade* desta última, uma posse é uma posse *jurídica provisória*, ao passo que aquela encontrada em um estado *efetivo* seria uma posse *peremptória*. – Antes da entrada nesse estado, para o qual o sujeito está pronto, ele se opõe, com direito, aos que não se adaptam a isso e querem estorvá-lo em sua posse provisória; pois, excetuada a sua vontade, aquela de todos os demais, que gostaria de impor a ele a obrigação de abster-se de uma certa posse, é meramente *unilateral* e, portanto, tem tão pouca força legal (a qual só é encontrada na vontade universal) para a negação quanto a dele para a afirmação – embora a última tenha certamente a vantagem de concordar com a implantação e o estabelecimento de um estado civil. – Em uma palavra: o modo de ter algo exterior como seu no *estado de natureza* é uma posse física que tem para si a *presunção* jurídica de tornar-se uma posse jurídica pela união com a vontade de todos em uma legislação pública e que, na espera, vale *comparativamente* como uma posse jurídica.

Essa prerrogativa do direito, proveniente do estado de posse empírica segundo a fórmula *"feliz é aquele que possui"* (*beati possidentes*), consiste não no fato de que ele, por ter a presunção de um *homem correto*, não necessita provar que possui algo de maneira conforme ao direito (pois isso vale apenas no direito litigioso), mas sim em que, segundo o postulado da razão prática, cabe a todos a faculdade de ter como seu um objeto exterior ao próprio arbítrio. Toda detenção, portanto, é um estado cuja conformidade ao direito se funda naquele postulado por meio de um ato da vontade precedente e que – se a posse anterior do mesmo objeto, por parte de um outro, não é contrária a isso – autoriza provisoriamente, segundo a lei da liberdade externa, a impedir toda pretensão de uso de tal objeto por parte de qualquer um que não queira entrar comigo no estado de uma liberdade legal pública a fim de submeter ao seu uso, conforme ao postulado da razão, uma coisa que de outro modo seria anulada em sentido prático.

// SEGUNDO CAPÍTULO
DO MODO DE ADQUIRIR ALGO EXTERIOR

§ 10
Princípio universal da aquisição exterior

Adquiro uma coisa quando faço (*efficio*) com que algo se torne *meu*. – Originariamente meu é aquele algo exterior que também é meu sem um ato jurídico. Mas uma aquisição originária é aquela que não é derivada do seu de um outro.

Nada exterior é originariamente meu, mas bem pode ser adquirido originariamente, isto é, sem derivar do seu de um outro. – O estado de comunidade do meu e do seu (*communio*) nunca pode ser pensado como originário: ele tem de ser adquirido (por um ato jurídico exterior), ainda que a posse de um objeto exterior, originariamente, possa ser apenas comum. Também quando se pensa (problematicamente) uma comunidade *originária* (*communio mei et tui originaria*), esta tem de ser distinguida da comunidade *primitiva* (*communio primaeva*), que se supõe como instituída nos primeiros *tempos* das relações jurídicas entre os homens e não pode fundar-se em princípios como a primeira, mas somente na história: por isso a última teria, certamente, de ser pensada sempre como adquirida e derivada (*communio derivativa*).

O princípio da aquisição exterior é o seguinte: o que eu (segundo a lei da *liberdade* externa) trago em meu *poder*, tenho a faculdade (segundo o postulado da razão prática) de usar como objeto de meu arbítrio e, por fim (de acordo com a ideia de uma possível *vontade* unificada), *quero* que seja meu, isso é meu.

Os momentos (*attendenda*) da aquisição *originária* são, portanto: 1. A *apreensão* de um objeto que não pertence a ninguém – caso contrário contradiria a liberdade de outros segundo leis universais. Essa *apreensão* é a tomada de posse do objeto do arbítrio no espaço e no tempo: a posse em que me situo, portanto, é *possessio phaenomenon*. 2. A *declaração* (*declaratio*) da posse desse objeto e do ato de meu arbítrio // de impedir qualquer outro a isso. 3. A *apropriação* (*appropriatio*) como ato de uma vontade externamente e universalmente legisladora (na ideia), pelo qual cada um é obrigado a concordar com meu arbítrio. – A validade do último momento da aquisição, enquanto aquilo sobre que se apoia a conclusão "o objeto exterior é *meu*", isto é, que a posse seja válida como *meramente jurídica* (*possessio noumenon*), funda-se no seguinte: sendo *jurídicos* todos esses atos e, por conseguinte, provenientes da razão prática, e sendo possível, portanto, fazer abstração das condições empíricas da posse na pergunta pelo que é de direito, a conclusão "o objeto exterior é meu" é corretamente conduzida da posse sensível à inteligível.

A aquisição originária de um objeto exterior do arbítrio se chama *ocupação* (*occupatio*) e só pode ter lugar nas coisas corpóreas (substâncias). Ora, onde uma tal aquisição tem lugar, ela necessita, enquanto condição da posse empírica, da prioridade do tempo diante de qualquer outro que queira apoderar-se de uma coisa (*qui prior tempore potior iure*). Enquanto originária, ela só é também a consequência do arbítrio *unilateral*, pois, se fosse exigido para isso um arbítrio bilateral, então ela seria derivada do contrato de duas (ou mais) pessoas, por conseguinte do seu de outros. – Não é fácil compreender como um ato do arbítrio como aquele possa fundamentar o seu para alguém. – Entretanto, a *primeira* aquisição não é, por isso mesmo, a *originária*. Pois a aquisição de um estado jurídico público pela unificação da vontade de todos, para uma legislação universal, seria uma aquisição tal que a ela não deveria preceder nenhuma e, ainda assim, seria ela derivada da vontade particular de cada um e *onilateral*. Uma aquisição originária, porém, só pode surgir da vontade unilateral.

Divisão da aquisição do meu e do seu exteriores

1) Segundo a *matéria* (o objeto), eu adquiro ou uma *coisa* corpórea (substân-

cia), ou a *prestação* (causalidade) de uma outra *pessoa*, ou esta outra *pessoa mesma*, isto é, o seu estado na medida em que obtenho um direito de dispor do mesmo (o comércio com ela).

// 2) Segundo a *forma* (modo de aquisição), trata-se ou bem de um *direito real* (*ius reale*), ou de um *direito pessoal* (*ius personale*), ou de um *direito pessoal-real* (*ius realiter personale*) à posse (ainda que não ao uso) de uma outra pessoa como coisa.

3) Quanto ao *fundamento legal* (*titulus*) da aquisição, que não é propriamente um membro particular da divisão dos direitos, mas sim um momento do modo de seu exercício, algo exterior é adquirido através do ato de um arbítrio ou *unilateral* ou *bilateral* ou *onilateral* (*facto, pacto, lege*).

**Primeira seção
Do direito real**

*§ 11
O que é um direito real?*

A definição habitual do *direito a uma coisa* (*ius reale, ius in re*), "o direito *face a todo possuidor da mesma*", é uma definição nominal correta. – No entanto, o que é que faz com que eu, por causa de um objeto exterior, possa dirigir-me a todo detentor do mesmo e forçá-lo (*per vindicationem*) a colocar-me novamente em posse do mesmo? Seria esta relação jurídica exterior de meu arbítrio uma relação *imediata* com uma coisa corpórea? Aquele que pensa que seu direito se refere não imediatamente a pessoas, mas a coisas, teria certamente de representar-se o seguinte (ainda que apenas de um modo obscuro): como ao direito, de um lado, corresponde um dever de outro lado, a coisa exterior permaneceria sempre *vinculada* ao primeiro possuidor, ainda que ele a tenha perdido, a ele; quer dizer, recusaria-se a qualquer outro pretenso possuidor porque já está unida àquele. E assim meu direito, semelhante a um *gênio* que acompanha e preserva a coisa de todo ataque estranho, remete sempre a mim o possuidor estranho. É absurdo, portanto, pensar a obrigação de uma pessoa com relação a coisas e vice-versa, ainda que seja lícito, em todo caso, tornar a relação jurídica sensível através de tal imagem e assim se expressar.

A definição real teria, portanto, que dizer assim: O *direito a // uma coisa* é um direito ao uso privado de uma coisa, da qual tenho a posse comum (originária ou instituída) com todos os outros. Este último é a única condição sob a qual é possível que eu exclua qualquer outro possuidor do uso privado da coisa (*ius contra quemlibet huius rei possessorem*), pois, sem pressupor uma tal posse comum, não se pode pensar como eu, que não estou em posse da coisa, poderia ser lesado por outros que o estão e a utilizam. – Por meio de meu arbítrio unilateral não posso obrigar ninguém a abster-se de usar uma coisa em relação à qual ele não teria, de outro modo, nenhuma obrigação: só posso fazê-lo, portanto, por meio do arbítrio unificado de todos em uma posse comum. Não fosse este o caso, eu teria de pensar o direito a uma coisa como se a coisa tivesse uma obrigação para comigo, e derivar prioritariamente daí o direito de todo possuidor perante a mesma, o que é um modo de representação absurdo.

Sob o termo "direito real" (*ius reale*), aliás, não se entende meramente o direito a uma coisa (*ius in re*), mas também o *conjunto* de todas as leis que dizem respeito ao meu e ao seu reais. –

É claro, no entanto, que um homem que estivesse completamente só sobre a terra não poderia propriamente ter ou adquirir nenhuma coisa exterior como sua, pois entre ele, enquanto pessoa, e algo exterior, enquanto coisa, não há nenhuma relação de obrigação. Portanto, entendido própria ou literalmente, não há nenhum direito (direto) a uma coisa, mas somente é assim denominado aquele direito que compete a alguém diante de uma pessoa que está em posse comum com todas as outras (em estado civil).

§ 12
A primeira aquisição de uma coisa não pode ser outra que não a do solo

O solo (pelo qual se entende toda terra habitável) deve ser considerado, em relação a tudo o que nele se move, como *substância*, mas a existência deste último deve ser considerada apenas como *inerência*. E, assim como em sentido teórico os acidentes não podem existir fora da substância, assim também, em sentido prático, aquilo que se move sobre o solo não pode ser considerado por alguém como seu se não se admite previamente que esse alguém se encontra em posse jurídica do mesmo (como seu).

// Supondo, afinal, que o solo não pertença a ninguém, então poderei, para ocupá-lo, tirar de seu lugar qualquer coisa móvel que nele se encontre, até que desapareça totalmente, sem causar dano à liberdade de qualquer outro que não seja nesse instante detentor do solo. Mas tudo o que pode ser destruído – uma árvore, uma casa etc. – é móvel (ao menos quanto à matéria) e, quando se denomina *imóvel* à coisa que não pode ser movida sem que se destrua a sua forma, então o meu e o seu naquela coisa são entendidos não em relação à substância, mas ao que depende dela e que não é a coisa mesma.

§ 13
Todo solo pode ser adquirido originariamente, e o fundamento da possibilidade desta aquisição é a comunidade originária do solo em geral

No que diz respeito ao primeiro ponto, esta proposição funda-se no postulado da razão prática (§ 2); quanto ao segundo, na prova a seguir.

Todos os homens estão originariamente (ou seja, antes de todo ato jurídico do arbítrio) na posse legítima do solo, isto é, eles têm direito a estar ali onde a natureza ou o acaso os colocou (sem sua vontade). Essa posse (*possessio*), que difere da residência (*sedes*) enquanto posse voluntária e duradoura, portanto adquirida, é uma posse *comum* por causa da unidade de todos os lugares sobre a superfície da terra como superfície esférica. Pois, se ela fosse um plano infinito, os homens poderiam dispersar-se tanto que não entrariam em nenhuma comunidade uns com os outros, esta não sendo, portanto, uma consequência necessária de sua existência sobre a terra. – A posse de todos os homens sobre a terra, que precede a todo ato jurídico dos mesmos (e é constituída pela natureza mesma), é uma *posse comum originária* (*communio possessionis originaria*) cujo conceito não é empírico nem depende de condições temporais – como, por exemplo, o conceito, imaginário e indemonstrável, de uma *posse comum primitiva* (*communio primaeva*). Ela é um conceito prático da razão, que contém *a priori* o único princípio segundo o qual os homens podem fazer uso, segundo leis jurídicas, do lugar que ocupam sobre a terra.

// § 14
O ato jurídico dessa aquisição é a ocupação
(occupatio)

A *tomada de posse* (*apprehensio*), como começo da detenção de uma coisa corporal no espaço (*possessionis physicae*), não concorda com a lei da liberdade externa de cada qual (portanto *a priori*) senão sob a condição da *prioridade* temporal, isto é, aquela da *primeira* tomada de posse (*prior apprehensio*), que é um ato do arbítrio. A vontade, porém, de que uma coisa seja minha (também, pois, um determinado lugar circunscrito sobre a terra), isto é, a apropriação (*appropriatio*), não pode, em uma aquisição originária, ser mais do que *unilateral* (*voluntas unilateralis s. propria*). A aquisição de um objeto exterior do arbítrio por meio de vontade unilateral é a *ocupação*. Somente por meio da ocupação (*occupatio*), portanto, pode ocorrer a aquisição originária de um tal objeto e, portanto, também de um dado solo delimitado.

A possibilidade desse tipo de aquisição não pode ser de modo algum conhecida imediatamente, nem demonstrada por princípios, mas é a consequência imediata do postulado da razão prática. A mesma vontade, porém, só pode legitimar uma aquisição exterior na medida em que esteja contida em uma vontade absolutamente mandatória e unificada *a priori* (isto é, por meio da unificação do arbítrio de todos aqueles que possam entrar em uma relação prática entre si). Pois a vontade unilateral (à qual pertence também a vontade bilateral que seja, no entanto, *particular*) não pode impor a todos uma obrigação que é em si contingente. Exige-se para tal, ao contrário, uma vontade onilateral e não contingente, mas *a priori* e, portanto, necessariamente unificada e somente por isso legisladora. Pois somente segundo este seu princípio é possível o acordo do livre-arbítrio de cada um com a liberdade de todos e, assim, um direito em geral e, portanto, também um meu e um seu exteriores.

// § 15

*Somente em uma constituição civil pode ser adquirido **peremptoriamente** algo que também o poderia no estado de natureza, embora lá, ao contrário, de modo meramente **provisório***

Embora sua realidade seja subjetivamente contingente, a constituição civil é, não obstante, necessária objetivamente, isto é, como dever. Com vistas a ela e à sua instituição, portanto, há uma lei jurídica efetiva da natureza a que toda aquisição exterior está submetida.

O *título empírico* da aquisição era a tomada de posse física (*apprehensio physica*) fundada sobre a comunidade originária do solo, ao qual, dado que à posse segundo conceitos racionais do direito só pode ser submetida uma posse *fenomênica*, tem de corresponder o título de uma tomada de posse intelectual (com a supressão de todas as condições empíricas do espaço e do tempo) que funda a proposição: "O que coloco sob meu poder segundo as leis da liberdade externa, querendo que seja meu, torna-se meu".

O *título racional* da aquisição, porém, só pode repousar na ideia de uma vontade de todos unificada *a priori* (a ser necessariamente unificada), que é aqui implicitamente pressuposta como condição indispensável (*conditio sine qua non*); pois por meio de uma vontade unilateral não pode ser imposta a outrem uma obrigação que por si, de outro modo, não teriam. – Mas o estado de uma vontade unificada efetiva e universalmente com vistas à legislação é o estado civil. Somente, portanto, em conformidade com a ideia de um estado civil, isto é, relativamente a ele e à sua efetivação – embora antes de sua efetividade (pois do contrário a aquisição seria derivada) –, e somente, portanto, de modo *provisório*, pode algo exterior ser adquirido *originariamente*. – A aquisição *peremptória* ocorre apenas no estado civil.

Não obstante, essa aquisição provisória é, apesar de tudo, uma aquisição verdadeira. Pois a sua possibilidade, seja qual for o estado em que se encontrem os homens entre si (também no estado de natureza, portanto), é, segundo o postulado da razão prático-jurídica, um princípio do direito privado segundo o qual cada um está autorizado a exercer aquela coerção por meio da qual se torna possível sair do estado de natureza e entrar no estado civil, o único que pode tornar peremptória toda aquisição.

// Coloca-se aqui a questão: Até onde se estende a autorização para tomar posse de um solo? Estende-se até onde for a capacidade de tê-lo em seu poder, isto é, até onde aquele que quer dele apropriar-se possa defendê-lo – exatamente como se o solo dissesse: "se você não pode proteger-me, então também não pode comandar-me". Assim deveria ser decidida também a disputa sobre o mar *livre* ou *limitado*: no interior da faixa onde alcancem os canhões, por exemplo, ninguém pode, no litoral de um território que já pertence a um determinado Estado, pescar, extrair âmbar do fundo do mar etc. – E mais: é necessário o preparo do solo para adquiri-lo (construção, cultivo, drenagem etc.)? Não! Pois, como essas formas (da especificação) são apenas acidentes, elas não constituem objeto de uma posse imediata e só podem pertencer à posse do sujeito na medida em que a substância seja reconhecida previamente como o seu desse sujeito. Em se tratando da primeira aquisição, o preparo não é mais que um símbolo externo da tomada de posse, um símbolo que se poderia substituir por muitos outros que implicassem menos esforço. – E mais: pode-se impedir alguém no *ato* de sua tomada de posse, de modo que nenhum dos dois participe do direito de prioridade e, assim, o solo permaneça livre, não pertencendo a ninguém? Tal impedimento não pode realizar-se *inteiramente*, porque o outro, para poder efetivá-lo, tem de achar-se também em algum terreno vizinho, onde ele mesmo possa, portanto, ser impedido de estar: um impedimento *absoluto*, por conseguinte, seria uma contradição. *Relativamente* a um determinado (intermediário) terreno, porém, deixá-lo inutilizado como *neutro*, para separar dois vizinhos, concordaria com o direito de ocupação. Neste caso, porém, o terreno pertence realmente a ambos em comum e não é *sem dono* (*res nullius*), precisamente porque *é utilizado* por ambos para separá-los entre si. – E mais: Pode-se ter uma coisa como sua em um terreno cujas partes não constituem o seu de ninguém? Sim, como na Mongólia, onde cada um pode deixar onde quiser a bagagem que possui, ou trazer de volta à sua posse, como seu, o cavalo que fugiu, porque todo o solo pertence ao povo, e o seu uso, portanto, a cada indivíduo. Que alguém possa ter como sua uma // coisa móvel sobre o solo de um outro, porém, somente é possível – e o é de fato – por meio de *contrato*. – Por fim, coloca-se também a questão: Podem dois povos (ou famílias) vizinhos opor-se mutuamente a usar um terreno de certo modo, como, por exemplo, os povos caçadores ao povo de pastores ou aos agricultores, ou estes aos plantadores e assim por diante? Certamente, pois o modo como querem *estabelecer-se* sobre o solo em geral é, se eles se mantêm dentro dos seus limites, uma mera questão de gosto (*res merae facultatis*).

Por último, pode-se perguntar ainda: Quando nem a natureza nem o acaso, mas apenas nossa própria vontade nos leva a ser vizinhos de um povo que não oferece a perspectiva de uma união civil, não deveríamos nós estar autorizados, por força ou (o que não é muito melhor) por compra fraudulenta, a estabelecer colônias e assim, fazendo uso de nossa superioridade e sem ter em conta sua primeira posse, nos tornarmos proprietários de seu solo com o propósito de instituir uma união civil com ele e colocar esses homens (selvagens) em um estado jurídico (como, por exemplo, os selvagens americanos, os hotentotes e os neo-holandeses)? E não se poderia dizer que é isso o que a natureza mesma (que detesta o vazio) parece exigir, pois grandes regiões de outras partes do mundo, que agora estão magnificamente povoadas, ficariam vazias de habitantes civilizados e precisariam permanecer assim para sempre, frustrando com isso o fim da criação? Vê-se facilmente, porém, através deste véu de injustiça (jesuitismo), a aceitação de todo e qualquer meio para a realização de fins bons. Este modo de aquisição do solo, portanto, é reprovável.

A indeterminação a respeito tanto da quantidade como da qualidade do objeto exterior adquirível torna esse problema (da única aquisição exterior originária), entre todos, o mais difícil de resolver. Deve haver, contudo, alguma aquisição originária de algo exterior, pois nem toda aquisição pode ser derivada. Por isso este problema não pode ser abandonado como insolúvel e em si impossível. Se ele for resolvido, porém, por meio do contrato originário, e se este não se estender a todo o gênero humano, a aquisição permanecerá sempre apenas provisória.

// § 16
*Exposição do conceito de uma aquisição
originária do solo*

Todos os homens estão originariamente em uma *posse comum* do solo de toda a terra (*communio fundi originaria*), com a *vontade* (de cada um), pertencente a eles por natureza (*lex iusti*), de fazer uso do mesmo. Essa vontade, devido à oposição naturalmente inevitável do arbítrio de um contra o do outro, suprimiria todo uso do solo se ela não contivesse ao mesmo tempo a lei para esse arbítrio, segundo a qual se pode determinar a cada um a *posse particular* sobre o solo comum (*lex iuridica*). Mas a lei que distribui o meu e o seu de cada um sobre o solo somente pode ser extraída, segundo o axioma da liberdade externa, de uma vontade unificada *originariamente* e *a priori* (que não supõe para esta unificação nenhum ato jurídico) e, portanto, apenas no estado civil (*lex iustitiae distributivae*), que só determina o que é *justo*, o que é *jurídico* e o que é de *direito*. – Mas nesse estado, isto é, antes da fundação do estado civil e todavia em vista dela, isto é, *provisoriamente*, é *dever* proceder conforme a lei da aquisição exterior. E portanto é uma *faculdade* jurídica da vontade obrigar cada qual a reconhecer como válido o ato de tomada de posse e apropriação, ainda que seja apenas unilateral, sendo assim possível uma aquisição provisória do solo, com todas as suas consequências jurídicas.

Uma tal aquisição, porém, necessita e também conta com um *favor* da lei para si, em vista da determinação dos limites da posse juridicamente possível, porque ela precede o estado jurídico e, enquanto simplesmente introdutória a este, ainda não é peremptória. O favor não se estende além do consentimento *de outros* (participantes) no estabelecimento do estado jurídico, mas, no caso de resistência dos mesmos em entrar neste (o estado civil), e enquanto esta perdurar, traz consigo todo o efeito de uma aquisição conforme ao direito, porque esta saída está fundada no dever.

// § 17
Dedução do conceito de aquisição originária

Nós encontramos o *título* de aquisição em uma comunidade originária do solo e, portanto, nas condições espaciais de uma posse externa; e o *modo de aquisição* nas condições empíricas da tomada de posse (*apprehensio*), ligada à vontade de ter o objeto exterior como o seu. Ora, ainda é necessário desenvolver a partir dos princípios da razão pura prático-jurídica a própria *aquisição*, isto é, o meu e o seu exteriores que resultam das duas partes dadas, a saber, a posse inteligível (*possessio noumenon*) do objeto segundo aquilo que o seu conceito contém.

O *conceito jurídico* do meu e seu *exteriores*, na medida em que é *substância*, não pode significar, no que diz respeito à expressão *fora de mim*, um *lugar* distinto daquele em que estou, pois é um conceito racional; mas, dado que sob este só pode ser subsumido um conceito puro do entendimento, ele só pode significar algo *diferente* de mim e o conceito de uma posse não empírica (da apreensão permanente, por assim dizer), isto é, o conceito de *ter em meu poder* o objeto exterior (a ligação do mesmo comigo como condição subjetiva da possibilidade do uso), que é um conceito puro do entendimento. Ora, a eliminação ou a não consideração (abstração) dessas condições sensíveis da posse, enquanto uma relação da pessoa com *objetos* que não têm nenhuma obrigação, é apenas a relação de uma pessoa com *pessoas* que consiste em *obrigar* todas elas, no que se refere ao uso das coisas, por meio da *vontade* da primeira na medida em que esta é conforme ao axioma da liberdade externa, ao *postulado* da faculdade e à *legislação* universal da vontade pensada *a priori* como unificada – o que é, portanto, a *posse inteligível* das mesmas, isto é, a posse pelo mero direito, ainda que o objeto (a coisa que eu possuo) seja um objeto sensível.

É por si bastante claro que o primeiro trabalho, a delimitação ou, em geral, a *conformação* de um terreno, não pode proporcionar o título de aquisição do mesmo, quer dizer, a posse do acidente não pode oferecer um fundamento para a posse jurídica da substância, mas antes, ao contrário, o meu e o seu têm de ser deduzidos, segundo a regra (*accessorium sequitur suum principale*), da // propriedade da substância. E é igualmente claro que aquele que se empenhou em um solo, que anteriormente não era seu, perdeu seu esforço e trabalho para o primeiro. Isso é mesmo tão claro que dificilmente se poderia atribuir a uma outra causa essa opinião dominante, tão velha e ainda assim tão difundida, senão ao engano secretamente imperante de personificar as coisas e de pensar *imediatamente* um direito diante delas, como se alguém pudesse obrigá-las, em razão do trabalho a elas aplicado, a não estar a serviço de nenhum outro senão dele mesmo. Pois de outro modo provavelmente não se teria passado tão facilmente sobre a natural pergunta (que já foi mencionada acima): "Como é possível um direito em uma coisa?" Pois o direito diante de qualquer possuidor de uma coisa significa somente a competência do arbítrio particular para o uso de um objeto na medida em que pode ser pensada como contida na vontade sintética universal e concordando com a lei da mesma.

No que concerne aos corpos sobre um solo que já é meu, eles pertencem a *mim* se não são antes de nenhum outro, sem que eu precise para este fim de um ato jurídico particular (não *facto*, mas *lege*); isso porque eles podem ser considerados como acidentes inerentes à substância (*iure rei meae*), à qual pertence também tudo o que está tão ligado à minha coisa que um outro não possa separá-lo do meu sem modificar este último (por exemplo o dourado, mistura de um material pertencente a mim com outras matérias, o aluvião ou também a modificação do leito contíguo do rio e, desse modo, a consequente ampliação de meu solo etc.). Tem de ser julgado segundo os mesmos princípios, contudo, se o terreno adquirível pode estender-se para além da terra, a saber, também até uma parte do fundo do mar (o direito de pescar em minha costa ou de extrair âmbar etc.). O solo pertence à minha *posse* até onde, a partir de minha *residência,* eu tiver a capacidade mecânica de protegê-lo contra o ataque de outros (por exemplo, até onde alcancem, da costa, os canhões), e o mar é fechado até ali (*mare clausum*). Como, no entanto, nenhuma *residência* é possível no alto-mar, também não se pode estender a posse até ali, e o mar aberto é livre (*mare liberum*). O // *encalhe na praia*, contudo, seja ele de homens ou de coisas pertencentes a eles, não pode, enquanto involuntário, ser contado pelo proprietário da praia como direito de aquisição; pois não há lesão (nem sequer um fato em geral) e a coisa que caiu em um solo pertencente a alguém não pode ser tratada como *res nullius*. No que concerne à posse de sua margem, em contrapartida, um rio pode, nas condições acima mencionadas, ser originariamente adquirido, do mesmo modo como um pedaço de terra, por quem está em posse de ambas as margens.

* * *

O objeto exterior que é o seu de alguém segundo a substância é *propriedade* (*dominium*) daquele a que são inerentes todos os direitos relativos a essa coisa (como os acidentes à substância), da qual o proprietário (*dominus*) pode, portanto, dispor conforme lhe aprouver (*ius disponendi de re sua*). Disso mesmo se segue, porém, que tal objeto só pode ser uma coisa corpórea (frente à qual não se tem obrigação alguma), donde um homem poder ser seu próprio senhor (*sui iuris*), mas não proprietário *de si mesmo* (*sui dominus*) (poder dispor de si conforme lhe aprouver), muito menos de outros homens, já que é responsável pela humanidade em sua própria pessoa. Embora esse ponto, que pertence ao direito da humanidade e não ao dos homens, não tenha aqui seu lugar autêntico, ele é mencionado apenas de passagem para uma melhor compreensão do que foi dito há pouco. – Além disso, pode haver dois proprietários plenos de uma mesma coisa sem um meu e um seu comuns, desde que sejam possuidores comuns daquilo que pertence unicamente a *um* como o *seu*. Isso acontece se, dos assim chamados coproprietários (*condomini*), a um competir apenas a posse completa sem uso, e ao outro o uso todo da coisa juntamente com a posse, aquele primeiro (*dominus directus*) só impondo a este (*dominus utilis*), portanto, a condição restritiva de uma prestação permanente, sem com isso limitar seu uso.

271 // **Segunda seção**
Do direito pessoal

§ 18

A posse do arbítrio de outro, como faculdade de determinar um certo ato por meio do meu arbítrio segundo leis da liberdade (o meu e o seu exteriores em relação à causalidade de um outro), é *um* direito (e eu posso ter vários direitos desse tipo em face da mesma pessoa ou de outras); mas o conjunto (o sistema) das leis, segundo as quais eu posso estar nesta posse, é *o* direito pessoal, que é único.

A aquisição de um direito pessoal nunca pode ser originária e arbitrária (pois uma tal aquisição não seria adequada ao princípio do acordo da liberdade de meu arbítrio com a liberdade de cada um e, portanto, seria injusta). Tampouco posso adquirir algo por meio de um ato *contrário ao direito* de um outro (*facto iniusto alterius*), pois, ainda que este dano também me tivesse afetado e eu pudesse, com direito, exigir do outro uma reparação, com isso só conservaria íntegro o meu, mas não teria adquirido nada a mais do que já tivesse antes.

A aquisição através do ato de um outro, ato a que eu o determino segundo leis jurídicas, é sempre derivada do seu do outro, e esta derivação, como ato jurídico, não pode ocorrer por meio deste como ato *negativo*, isto é, como um ato de *abandono* ou de *renúncia* ao seu (*per dere-*

lictionem aut renunciationem), porque desse modo só se suprime o seu de um ou de outro, mas nada é adquirido. Essa aquisição só pode dar-se por *transferência* (*translatio*), a qual só é possível graças a uma vontade comum mediante a qual o objeto chega sempre ao poder de um ou outro, pois um renuncia à sua parte nessa comunidade e então o outro, pela aceitação (portanto, por um ato positivo do arbítrio), torna seu o objeto. – A transferência de sua *propriedade* a um outro é a *alienação*. O ato do arbítrio unificado de duas pessoas, por meio do qual, em geral, o seu de uma passa a outra, é o *contrato*.

// § 19

Em todo contrato existem dois atos jurídicos do arbítrio que são *preparatórios* e dois que são *constitutivos*: os dois primeiros (do tratar) são a *oferta* (*oblatio*) e a *aprovação* (*approbatio*) do mesmo; os outros dois (do fechar) são a *promessa* (*promissum*) e a *aceitação* (*acceptatio*). – Pois uma proposta não pode chamar-se uma promessa antes que eu julgue que aquilo que é oferecido (*oblatum*) seja algo *agradável* para o promissário; o que se manifesta através das duas primeiras declarações, mesmo que nada se adquira ainda apenas por meio delas.

O seu do primeiro não passa para o último, todavia, nem pela vontade *particular* do promitente nem pela do promissário (como aceitante), mas apenas pela *vontade unificada* de ambos, por conseguinte na medida em que ambas as vontades são *simultaneamente* declaradas. Ora, isso é impossível através de atos empíricos de declaração, os quais necessariamente têm de *suceder-se* uns aos outros no tempo e nunca são simultâneos.

Pois se fiz uma promessa e o outro quer aceitá-la, nesse intervalo de tempo (por curto que seja) posso arrepender-me, já que antes da aceitação sou ainda livre; assim como, pelo mesmo motivo, o aceitante tampouco tem de permanecer ligado à sua declaração subsequente à promessa. – As formalidades externas (*solennia*) que se sucedem à conclusão (*Schliessung*) do contrato [o aperto de mãos ou a quebra de uma palha segurada por duas pessoas (*stipula*)] e todas as garantias oferecidas, de um e de outro lado, que antecedem à sua declaração, demonstram muito mais o embaraço dos contratantes e como e de que modo desejam, sem sucesso, tornar representáveis, enquanto existindo simultaneamente, declarações que sempre se sucedem umas às outras. Dado que são atos que se sucedem uns aos outros no tempo, quando um é um ato, o outro ou *ainda não* é ou já *não é mais*.

Apenas a dedução transcendental do conceito de aquisição através de contrato pode superar todas essas dificuldades. Em uma relação *jurídica* exterior, a minha tomada de posse do arbítrio de um outro (e assim reciprocamente) é pensada como fundamento de determinação do mesmo a um ato. É certo que primeiro empiricamente, por meio de uma declaração e de uma declaração contrária, do arbítrio de cada um dos dois – o que se dá no tempo, enquanto condição sensível da apreensão, onde ambos os atos jurídicos sempre se seguem um // ao outro. No entanto, essa relação (enquanto jurídica) é puramente intelectual. Sendo assim, por meio da vontade como uma faculdade racional legisladora, abstraídas todas as condições empíricas, essa posse, o meu e o seu, é representada como uma posse inteligível (*possessio noumenon*). Nesse caso, ambos os atos, o da promessa e o da aceitação, não são representados como mutuamente sucessivos, mas (tal qual *pactum re initum*) como provenientes de uma única vontade *comum* (o que se expressa por meio da palavra *simultaneamente*), e o objeto (*promissum*), segundo a lei da razão pura prática, por meio da supressão de todas as condições empíricas, é representado como adquirido.

Que essa seja a verdadeira e única dedução possível do conceito de aquisição por contrato está suficientemente confirmado pelo trabalhoso, e todavia sempre frustrado, esforço dos pesquisadores do direito (por exemplo, Moses Mendelssohn em sua *Jerusalém*) para a demonstração daquela possibilidade. – A questão era: *Por que* eu *devo* manter minha promessa? Pois *que eu deva fazê-lo* o compreende cada um por si mesmo. Mas é absolutamente impossível demonstrar este imperativo categórico, assim como é impossível para o geômetra provar, mediante argumentações racionais, que para construir um triângulo eu tenha que tomar três linhas (uma proposição analítica), duas das quais, porém, têm de ser maiores que a terceira (uma proposição sintética, mas ambas *a priori*). Isto é um postulado da razão pura (abstraindo-se todas as condições sensíveis do espaço e do tempo relativas ao conceito jurídico) e a doutrina de que é possível abstrair-se tais condições, sem que por isso se suprima a posse, é ela própria a dedução do conceito da aquisição por contrato; tal como o era, no título anterior, a doutrina da aquisição das coisas exteriores por meio de ocupação.

§ 20

Mas o que é esse algo exterior que adquiro por contrato? Posto que se trata apenas da causalidade do arbítrio do outro em relação a uma prestação prometida a mim, não adquiro imediatamente uma coisa exterior, mas sim um ato da mesma pelo qual aquela coisa passa para o meu // poder para que eu a torne minha. – Pelo contrato, por conseguinte, adquiro a promessa de um outro (não o prometido) e, todavia, acrescento algo referido aos meus bens exteriores; eu me tornei *mais abastado* (*locupletior*) através da aquisição de uma obrigação ativa sobre a liberdade e os bens de outro. – Entretanto, esse meu *direito* é apenas um direito *pessoal*, a saber, em face de uma *determinada* pessoa física, e, de fato, o direito de atuar sobre sua causalidade (seu arbítrio) para que me faça a *prestação* de algo. Ele não é um *direito real* em face daquela *pessoa moral* – que não é senão a ideia do *arbítrio de todos unido* a priori – pelo qual eu poderia adquirir apenas *um direito perante cada possuidor da mesma coisa* – que é o que constitui todo direito a *uma coisa*.

A transferência por contrato daquilo que é meu ocorre segundo a lei da continuidade (*lex continui*), isto é, a posse do objeto não é interrompida em nenhum momento durante esse ato, pois, do contrário, eu adquiriria nesse estado um objeto como algo sem possuidor (*res vacua*), por conseguinte originariamente, o que contradiz o conceito do contrato. – Mas essa continuidade implica que não é a vontade de um dos dois em particular (*promittentis et acceptantis*), mas sim a vontade unificada de ambos, que transfere o meu a outro. A transferência não se realiza de tal modo que aquele que promete abandona (*derenlinquit*) primeiro a sua posse, ou renuncia ao seu direito (*renunciat*) em favor do outro, e este assume imediatamente a posse – ou vice versa. A transferência é, portanto, um ato no qual o objeto pertence por um momento conjuntamente a ambos, assim como, na trajetória parabólica de uma pedra lançada para o alto, esta pode ser por um momento, no cume da trajetória, considerada como subindo e caindo ao mesmo tempo, para logo em seguida passar do movimento ascendente à queda.

§ *21*

Uma coisa não é adquirida em um contrato pela *aceitação* (*acceptatio*) da promessa, mas somente por *transmissão* (*traditio*) do prometido. Pois toda promessa implica uma *prestação* e, se o prometido é uma coisa, aquela não pode ser satisfeita // senão através de um ato pelo qual o promissário é colocado na posse da mesma pelo promitente, isto é, por meio da transmissão. Antes desta e do recebimento, portanto, ainda não ocorreu a prestação; a coisa ainda não passou de um a outro e, por conseguinte, não foi por este adquirida. Daí que o direito a partir de um contrato seja apenas um direito pessoal, só se tornando um direito *real* por meio da tradição.

O contrato a que se segue imediatamente a entrega (*pactum re initum*) exclui todo intervalo de tempo entre a conclusão e a execução, e não necessita de nenhum ato particular futuro por meio do qual o seu de um se transmitisse ao outro. Mas se entre ambos é acertado ainda um tempo (determinado ou indeterminado) para a transmissão, coloca-se a questão: se já antes desse tempo a coisa se tornaria, por contrato, um seu do aceitante, e o direito deste um direito à coisa, ou se ainda teria de sobrevir um contrato específico, referido apenas à transmissão, de modo que o direito seria apenas um direito pessoal e só se converteria num direito à coisa por meio da transmissão? – Que tudo se passe efetivamente como foi dito por último fica evidente a partir do seguinte:

Se fecho um contrato sobre uma coisa – por exemplo, um cavalo que quero adquirir – e de pronto o levo comigo para meu estábulo, ou o tomo de qualquer outra forma sob minha posse física, então ele é meu (*vi pacti re initi*) e meu direito é um direito à coisa. Se, no entanto, deixo-o nas mãos do vendedor, sem combinar especificamente com ele quem deve ter a posse física (detenção) da coisa antes da minha tomada de posse (*apprehensio*), portanto antes da troca de posse, então o cavalo ainda não é meu, e o direito que adquiro é apenas o direito, em relação a uma determinada pessoa – a saber, o vendedor –, de ser por ele *colocado na posse* (*poscendi traditionem*), o que é condição subjetiva da possibilidade do uso da coisa conforme me aprouver. Ou seja: meu direito é apenas o direito pessoal de exigir daquele o *cumprimento* da promessa (*praestatio*) de colocar-me em posse da coisa. Se o contrato não contém *simultaneamente* a transmissão (como *pactum re initum*) e, portanto, admite que transcorra um tempo entre o seu fechamento e a tomada de posse do adquirido, então eu não posso, durante esse tempo, // chegar à posse da coisa de nenhum modo que não seja praticar um ato jurídico específico, a saber, o *ato de posse* (*actum possessorium*), que constitui um contrato particular e consiste em que eu diga: mandarei recolher a coisa (o cavalo) conforme consentimento do vendedor. Pois não é evidente por si mesmo que este tome a coisa em seu poder e a proteja, com risco próprio, do uso por outrem. Existe para isso, na verdade, um contrato específico segundo o qual o alienante permanece proprietário da sua coisa dentro do *tempo determinado* (cabendo-lhe assumir todos os riscos que possam ameaçá-la), só podendo considerá-la transmitida ao adquirente se este, uma vez transcorrido o tempo, permanecer hesitante. Antes desse ato de posse, portanto, tudo o que se adquire por contrato é apenas um direito pessoal, e somente por meio da transmissão pode o promissário adquirir uma coisa exterior.

Terceira seção
Do direito pessoal de tipo real

§ 22

Este é o direito da posse de um objeto exterior *como uma coisa* e do uso do mesmo *como uma pessoa*. – Neste direito, o meu e o seu são o meu e o seu *domésticos*, e as relações, nesse estado, são as relações de uma comunidade de seres livres que, por influência mútua (da pessoa de um sobre o outro) sob o princípio da liberdade externa (*causalidade*), constitui uma sociedade de membros de um todo (pessoas numa *comunidade*) que se chama *comunidade doméstica*. – O modo de aquisição, nesse estado, não se dá nem por meio de um feito (*facto*) arbitrário nem por meio de um mero contrato (*pacto*), mas sim por meio de uma lei (*lege*) que, não sendo um direito sobre uma coisa nem tampouco um mero direito em relação a alguém, mas envolvendo ao mesmo tempo a posse de uma pessoa, tem de ser um direito que está além de todo direito real e pessoal, a saber, o direito da humanidade em nossa própria pessoa, do qual se segue uma lei permissiva natural graças à qual tal aquisição nos é possível.

// § 23

De acordo com essa lei, a aquisição é, segundo o objeto, de três tipos: o *homem* adquire uma *mulher*, o *casal* adquire *filhos* e a *famí-*

lia adquire *criados*. – Tudo o que assim se adquire é inalienável e o direito do possuidor desses objetos é o *mais pessoal de todos*.

O direito da sociedade doméstica
Primeiro título: O direito conjugal

§ 24

A *comunhão sexual* (*commercium sexuale*) é o uso recíproco que um ser humano faz dos órgãos e faculdades sexuais de um outro (*usus membrorum et facultatum sexualium alterius*), e pode ser um uso *natural* (pelo qual pode ser procriado seu semelhante) ou *antinatural*, este último podendo ser o uso de uma pessoa do mesmo sexo ou de um animal de uma espécie diferente da humana: enquanto lesão à humanidade em nossa própria pessoa, essas transgressões das leis, esses vícios antinaturais (*crimina carnis contra naturam*) a que também chamamos inomináveis, não podem ser salvos da mais completa reprovação por nenhuma restrição ou exceção.

A *comunhão sexual* natural é, pois, ou bem a comunidade segundo a mera *natureza* animal (*vaga libido, venus volgivaga, fornicatio*), ou bem a comunidade segundo a *lei*. – Esta última é o *casamento* (*matrimonium*), isto é, a união de duas pessoas de sexos diferentes para a posse mútua e vitalícia de suas qualidades sexuais. – O fim de gerar e educar filhos pode ser sempre um fim da natureza, com vistas ao qual ela implantou essa inclinação recíproca dos sexos. Que o ser humano que se casa, porém, *tenha* de colocar-se esse fim, não é exigido para a conformidade ao direito desta sua união, pois do contrário o casamento se dissolveria por si mesmo quando a procriação cessasse.

Também sob a pressuposição do prazer com o uso mútuo dos atributos sexuais, com efeito, o contrato conjugal não é arbitrário, // mas um contrato necessário segundo a lei da humanidade, isto é, se o homem e a mulher querem gozar reciprocamente seus atributos sexuais, então eles têm necessariamente de casar-se, o que é necessário segundo leis jurídicas da razão pura.

§ 25

O uso natural que um sexo faz dos órgãos sexuais do outro é um *gozo* com vistas ao qual uma parte se entrega à outra. Nesse ato um ser humano se converte a si mesmo em coisa, o que contradiz o direito da humanidade em sua própria pessoa. Isso só é possível sob a única condição de que, quando uma pessoa é adquirida por outra *como coisa*, esta, por sua vez, adquire aquela reciprocamente; pois assim se recupera a si mesma de novo e restabelece sua personalidade. Mas a aquisição de um membro do ser humano é ao mesmo tempo uma aquisição da pessoa inteira, porque esta é uma unidade absoluta. Consequentemente, a entrega e a aceitação de um sexo para o gozo do outro não são apenas admissíveis sob a condição do casamento, mas ainda somente possíveis sob essa condição. Porém, que esse *direito pessoal* seja ao mesmo tempo de *tipo real* funda-se no fato de que, se um dos cônjuges se separar ou se oferecer para a posse de um outro, o outro está sempre e incontestavelmente autorizado a restituí-lo em seu poder como uma coisa.

§ 26

Pelas mesmas razões, a relação dos cônjuges é uma relação de *igualdade* de posse, tanto das pessoas que se possuem reciprocamente (portanto, somente na *monogamia*, pois em uma poligamia a pessoa que se entrega só obtém uma parte daquela à qual se entrega totalmente e torna-se, portanto, mera coisa), como também dos bens, estando ambos autorizados, contudo, a renunciar ao uso de uma parte destes, ainda que somente por meio de um contrato particular.

Segue-se do princípio acima que o concubinato não é suscetível de contrato válido no direito, assim como não o é o aluguel de uma pessoa para um gozo ocasional (*pactum fornicationis*). Pois, // no que diz respeito ao último contrato, qualquer um admitirá que a pessoa que o fechou não poderia ser obrigada juridicamente a cumprir sua promessa, se ela se arrependesse disso. E assim se suprime também o primeiro, quer dizer, o contrato do concubinato (como *pactum turpe*), porque este seria justamente um contrato de *aluguel* (*locatio-conductio*) de um membro para o uso de um outro, pelo qual, devido à unidade inseparável dos membros de uma pessoa, esta se entregaria como coisa ao arbítrio do outro – de modo que cada parte pode rescindir o contrato fechado com o outro tão logo queira, sem que este possa queixar-se de maneira fundamentada sobre uma lesão a seu direito. – Precisamente o mesmo vale também para o casamento morganático ou "de mão esquerda", que pretende aproveitar a desigualdade de posição das duas partes com vistas ao maior domínio de uma sobre a outra. Segundo o simples direito natural, com efeito, ela não difere do concubinato e não é um verdadeiro casamento. – Se por isso a questão consiste em saber se é contraditório à igualdade dos cônjuges enquanto tal quando a lei dos homens diz, em relação à mulher, que ele deve ser seu senhor (ele a parte que comanda, ela a parte que obedece), então esta lei não pode ser vista como contraditória com a igualdade natural de um casal humano se essa dominação tem como fundamento apenas a superioridade natural da capacidade do homem sobre a mulher na efetivação do interesse comum da comunidade doméstica, e o direito ao comando nisso fundado – direito que, por isso mesmo, pode ser derivado do dever da unidade e da igualdade em vista do *fim*.

§ 27

O contrato conjugal é *consumado por meio da coabitação conjugal* (*copula carnalis*). Um contrato entre duas pessoas de sexos opostos selado com o acordo secreto de abster-se da comunidade carnal, ou com a consciência de uma ou ambas as partes de ser impotente para isso, é um *contrato simulado* e não institui um casamento, podendo ser dissolvido segundo aprouver a qualquer um dos dois. Mas se a incapacidade aparece apenas depois, aquele direito nada pode perder por este acidente inimputável.

// Portanto, a *aquisição* de uma esposa ou de um esposo não ocorre de *facto* (por coabitação), sem contrato prévio, tampouco por *pacto* (pelo simples contrato conjugal sem ser seguido de coabitação), mas apenas *lege*, isto é, como consequência jurídica da obrigação de não entrar em outra relação sexual senão por meio da *posse* recíproca das pessoas, a qual só pode encontrar sua efetividade mediante o uso igualmente recíproco de seus atributos sexuais.

O direito da sociedade doméstica
Segundo título: O direito dos pais

§ 28

Assim como do dever do homem para consigo mesmo, isto é, para com a humanidade em sua própria pessoa, surgiu um direito (*ius personale*) dos dois sexos a se adquirirem reciprocamente como pessoas – *de* modo *real* por meio do casamento –, assim também surge, da *procriação* nesta comunidade, um dever de conservação e cuidado com vistas a seu *fruto*. Ou seja, os filhos, como pessoas, têm com isso ao mesmo tempo o direito originário e inato (não herdado) de serem cuidados pelos pais até que sejam capazes de manter-se por si mesmos – e isso, na verdade, imediatamente pela lei (*lege*), isto é, sem que seja exigido para tal um ato jurídico particular.

Pois, dado que o fruto é uma *pessoa* e que é impossível conceber a produção de um ser dotado de liberdade por meio de uma operação física[6], é uma ideia totalmente correta e também necessária, de um // *ponto de vista prático*, a obrigação que pesa sobre os pais de, na medida de suas forças, tornar os filhos satisfeitos com sua condição, já que o ato de procriação tem de ser considerado como aquele pelo qual nós colocamos uma pessoa no mundo sem seu consentimento, trouxemo-la a ele arbitrariamente. – Os pais não podem destruir seu filho como um *produto* (pois tal produto não poderia constituir um ser dotado de liberdade) e como sua propriedade, nem tampouco abandoná-lo ao acaso, porque com ele não trouxeram só um ser ao mundo, mas também um cidadão do mundo em uma situação que agora, segundo conceitos jurídicos, não lhes pode ser indiferente.

§ 29

Desse dever resulta também, necessariamente, o direito dos pais à *tutela* e à formação do filho enquanto este não for capaz de fazer uso de seus membros nem de seu entendimento, além do direito à alimentação e ao cuidado de educá-lo e formá-lo tanto *pragmaticamente*, para que no futuro possa manter-se e ganhar a vida por si mesmo, como também *moralmente*, porque de outro modo a culpa por seu desamparo recairia sobre os pais. Tudo isso até o momento da emancipação (*emancipatio*), em que eles renunciam tanto a seu direito paterno de mandar como também a toda pretensão de restituição de despesas por seu cuidado e esforço até então, de modo que, uma vez completada a educação, possam contar com a obrigação dos filhos (para com os pais) unicamente como mero dever de virtude, a saber, como gratidão.

// Dessa personalidade das crianças resulta também que, dado que os filhos jamais podem ser considerados como propriedade dos pais – ainda que pertençam ao meu e ao seu dos mesmos (porque eles, assim como as coisas, estão sob a *posse* dos pais e podem, mesmo contra sua vontade, ser devolvidos da posse de qualquer outro à de seus pais) –, o direito dos pais não é um mero direito real, portanto não é alienável (*ius personalissimum*), mas também não é um mero direito pessoal, mas sim um direito pessoal de *tipo real*.

Aqui, pois, salta à vista que na doutrina do direito ainda se tem de acrescentar ao direito real e pessoal, necessariamente, o título de um *direito pessoal de tipo real*. A divisão feita até agora, portanto, não está completa, pois quando se fala do direito dos pais sobre os filhos como parte de sua casa, aqueles não só podem invocar o dever dos filhos de regressar quando fogem, mas estão também autorizados a apoderar-se deles como coisas (animais domésticos extraviados) e prendê-los.

O direito da sociedade doméstica
Terceiro título: O direito do chefe de família

§ 30

Os filhos da casa, que juntamente com os pais constituíam uma *família*, alcançam a *maioridade* (*maiorennes*), isto é, tornam-se senhores de si mesmos (*sui iuris*) sem nenhum contrato de rescisão de sua dependência passada, simplesmente ao alcançarem a capacidade de manter-se por si mesmos (o que acontece, em parte, devido à maioridade natural, segundo o curso geral da natureza, e, em parte, conforme a sua constituição particular). Esse direito é adquirido sem nenhum ato jurídico particular, portanto apenas por meio da lei (*lege*). Os filhos não devem nada aos pais pela sua educação, assim como, inversamente, os últimos se livram de sua obrigação para com eles. E com isso ambos alcançam ou recuperam sua liberdade natural, mas a sociedade doméstica, que era necessária segundo a lei, fica dissolvida a partir de então.

Ambas as partes podem conservar efetivamente a mesma comunidade doméstica, entretanto, sob // uma outra forma da obrigação, a saber, como ligação do chefe de família com o criado (os empregados ou as empregadas da casa). Assim, podem elas conservar essa sociedade doméstica, mas agora como sociedade de chefes de família (*societas herilis*), através de um contrato pelo qual o primeiro institui com os filhos que se tornaram maiores ou, se a família não tem filhos, com outras pessoas livres (da associação doméstica), uma sociedade doméstica que seria uma sociedade desigual (daquele que *manda*, ou senhor, e daqueles que *obedecem*, isto é, da criadagem, *imperantis et subiecti domestici*).

O criado pertence então ao seu do chefe de família e, no que diz respeito à forma (ao estado de posse), pertence-lhe certamente como que por um direito real; pois, quando este lhe escapa, o chefe de família pode, por arbítrio unilateral, trazê-lo para o seu poder. No que se refere à matéria, porém, isto é, ao *uso* que ele pode fazer desses membros de sua associação doméstica, nunca pode comportar-se como seu proprietário (*dominus servi*). Pois neste caso o criado estaria em seu poder por contrato, mas um contrato por meio do qual uma parte renuncia à liberdade em favor da outra e deixa, assim, de ser uma pessoa, passando a reconhecer apenas a força e deixando de ter, portanto, o dever de manter um contrato – o que se contradiz a si mesmo, isto é, é nulo e inválido. (Não se tratou aqui do direito de propriedade daquele que através de um delito foi privado de sua personalidade.)

Portanto, esse contrato da chefia de família com o criado não pode ser de tal índole que o *uso* seja *abuso*; e o juízo sobre isso compete não somente ao chefe de família, mas também à criadagem (que, portanto, nunca pode ser servidão). Por isso o contrato não pode ser fechado de modo vitalício, mas apenas, quando muito, por um tempo *indeterminado* durante o qual uma parte pode romper a ligação com outra. Os filhos, porém, são sempre livres (inclusive os de alguém que por seu delito se tornou escravo). Pois, não tendo feito ainda nada de mal, todo homem nasce livre e os custos da educação, até a sua maioridade, não podem tampouco lhe ser atribuídos, como uma dívida que tivesse de saldar. Se pudesse, o escravo teria também de educar seus filhos sem descontar-lhes os custos para isso, de modo que o possuidor do escravo, dada a incapacidade deste, o substitui em sua obrigação.

// * * *

Vê-se portanto que também aqui, como nos títulos anteriores, existe um direito pessoal de tipo real (do senhor sobre o criado), pois se lhes pode recuperar e reclamar como o seu exterior de cada possuidor, ainda antes que se tenham investigado as razões e o direito que os induziram a escapar.

Divisão dogmática de todos os direitos adquiridos por contrato

§ 31

De uma doutrina metafísica do direito pode-se exigir que enumere *a priori*, completa e precisamente, os membros da divisão (*divisio logica*) e, assim, estabeleça um verdadeiro sistema dos mesmos. Ao invés disso, toda *divisão empírica* é meramente *fragmentária* (*partitio*) e deixa incerto se ainda há ou não mais membros que seriam exigidos para completar toda a esfera do conceito *dividido*. – Pode-se, pois, denominar-se *dogmática* uma divisão segundo um princípio *a priori* (por contraposição à empírica).

Todo contrato constitui-se em si, isto é, considerado *objetivamente*, de dois atos jurídicos: a promessa e a aceitação do mesmo; a aquisição através desta última (se não é um *pactum re initum*, que requer a transmissão) não é uma *parte* do contrato, mas sim a *consequência* jurídica necessária do mesmo. – Considerando-se subjetivamente, porém – isto é, respondendo à pergunta de se a toda consequência necessária segundo a razão (que *deveria* ser a aquisição) também se *seguirá* uma consequência real (que será uma consequência *física*) –, por meio da aceitação da promessa eu não tenho ainda nenhuma *garantia*. Esta é, portanto, na medida em que pertence externamente à modalidade do contrato, isto é, à *certeza* da aquisição por meio do mesmo, uma peça para a completude dos meios para alcançar o propósito do contrato, a saber, a aquisição. – Para essa tarefa entram em cena três pessoas: o *promitente*, o *aceitante* e o *garante*. Graças a este último, e ao contrato particular com o promitente, o aceitante não ganha realmente mais nada no que diz respeito ao objeto, mas ganha, todavia, no que diz respeito aos meios coercivos para obter o seu.

// Segundo esses princípios da divisão lógica (racional), há propriamente apenas três espécies simples e *puras* de contrato, em que pesem as incontáveis espécies mistas e empíricas que, aos princípios do meu e teu segundo leis meramente racionais, acrescentam ainda princípios estatutários e convencionais. Estas, entretanto, situam-se fora do círculo da doutrina metafísica do direito, que é a única que deve ser aqui catalogada.

Todos os contratos têm como propósito: A) a aquisição *unilateral* (contrato de beneficência), ou B) uma aquisição *recíproca* (contrato oneroso), ou absolutamente nenhuma aquisição, mas somente C) a *segurança* do *seu* (que, por um lado, pode ser gratuito, mas também, por outro lado, simultaneamente oneroso).

A. O contrato gratuito (*pactum gratuitum*) é:
a) A *custódia* do bem encomendado (*depositum*),
b) O *empréstimo* de uma coisa (*commodatum*),
c) A *doação* (*donatio*).

B. Contrato *oneroso*.

I. *Contrato de alienação* (*permutatio late sic dicta*).
a) *Permuta* (*permutatio stricte sic dicta*). Mercadoria por mercadoria.
b) *Compra* e *venda* (*emtio venditio*). Mercadoria por dinheiro.
c) *Empréstimo* (*mutuum*). Alienação de uma coisa sob a condição de recuperá-la apenas segundo a espécie (por exemplo, trigo por trigo, ou dinheiro por dinheiro).

II. *Contrato de aluguel* (*locatio conductio*).
α) *Aluguel de uma coisa minha* a um outro para que a use (*locatio rei*), e que, se a coisa só puder ser restituída *in specie*, também pode estar ligada, como contrato oneroso, a um *rendimento* (*pactum usurarium*).
β) *Contrato salarial* (*locatio operae*), isto é, a concessão do uso de minhas forças a um outro por um preço determinado (*merces*). Segundo esse contrato, o trabalhador é o *trabalhador assalariado* (*mercennarius*).
γ) *Contrato de procuração* (*mandatum*): a gestão realizada em lugar e em *nome* de um outro que, se realizada apenas em lugar do outro, mas não ao mesmo tempo em seu nome, chama-se *gestão sem delegação* (*gestio negotii*), ao passo que, se realiza-

da em nome do outro, // chama-se *mandato* e, como contrato de locação, é um contrato oneroso (*mandatum onerosum*).

C. *Contrato de caução* (*cautio*).

a) *Penhora* e *aceitação da fiança* conjuntamente (*pignus*).
b) *Fiança* pela promessa de um outro (*fideiussio*).
c) *Garantia pessoal* (*praestatio obsidis*).

Nessa tábua de todos os tipos de transmissão (*translatio*) do seu a um outro encontram-se conceitos de objetos ou de instrumentos dessa transmissão que são completamente empíricos e, mesmo segundo sua possibilidade, não têm propriamente lugar em uma doutrina *metafísica* do direito, na qual as divisões têm de ser feitas segundo princípios *a priori* e a matéria da troca (que poderia ser convencional), portanto, tem de ser abstraída, de modo que só se tenha em vista a forma. Tal é o caso do conceito de *dinheiro*, ao contrário de todas as outras coisas alienáveis sob o título da compra e venda, a saber, as *mercadorias*, e é o caso do *livro*. – Somente se mostrará que aquele conceito do maior e mais usado de todos os meios de *troca* de coisas entre os homens, chamado *compra* e *venda* (comércio), assim como o de um livro, como principal meio de intercâmbio dos pensamentos, podem reduzir-se, todavia, a puras relações intelectuais, de modo que a tábua dos contratos puros não se contamine por uma mistura empírica.

I
O que é o dinheiro?

Dinheiro é uma coisa cujo *uso* só é possível por meio de sua *alienação*. Esta é uma boa *definição nominal* do mesmo (segundo Achenwall), isto é, uma definição que é suficiente para distinguir esse tipo de objeto do arbítrio de todos os outros, ainda que não nos dê nenhuma explicação sobre a possibilidade de uma tal coisa. No entanto, vê-se a partir daí: *em primeiro lugar*, que essa alienação, na relação de troca, não se pretende uma doação, mas sim uma aquisição *recíproca* (por meio de um *pactum onerosum*); em *segundo lugar*, que o dinheiro *representa* todas as coisas, uma vez que é pensado como um mero *meio* de comércio universalmente aceito (em um povo), mas que, em contraposição a uma coisa como *mercadoria* (isto é, // aquilo que tem um valor em si mesmo e se refere, no povo, à necessidade particular deste ou daquele), não tem em si nenhum valor.

Um alqueire de trigo tem o máximo valor direto como meio para satisfazer necessidades humanas. Com ele se podem alimentar animais que nos servem de alimento e transporte e trabalham em nosso lugar, e se pode também, portanto, multiplicar e conservar os homens, que não só continuarão a produzir aqueles produtos naturais, mas ajudarão a satisfazer todas as nossas necessidades com produtos artificiais – para a fabricação de nossa moradia e de nossa roupa, para prazeres refinados e todas as comodidades em geral que constituem os bens da indústria. O valor do dinheiro, ao contrário, é apenas indireto. Não se pode desfrutar o próprio, nem utilizá-lo diretamente, enquanto tal, para nada. Mas é um meio que, entre todas as coisas, é de suma utilidade.

A partir disso se pode fundar, provisoriamente, uma *definição real* do dinheiro: ele é o *meio* universal *para o intercâmbio do trabalho dos homens*. Desse modo, a riqueza nacional, na medida em que é adquirida através do dinheiro, é, na verdade, apenas a soma do trabalho com que os homens se pagam uns aos outros e que é representado por meio do dinheiro em circulação no povo.

Vê-se como a coisa que se deve chamar dinheiro deve ter custado, de fato, muito *trabalho* para ser produzido, ou também para ser posto nas mãos de outros homens, compensando-os pelo *trabalho* por meio do qual as mercadorias (produtos naturais ou artificiais) devem ter sido adquiridas e pelo qual o dinheiro é pago. Pois se fosse mais fácil conseguir a matéria que se chama dinheiro do que adquirir a mercadoria, chegaria mais dinheiro ao mercado do que haveria mercadorias à venda. E, dado que o vendedor teria de aplicar em sua mercadoria mais trabalho do que o comprador, ao qual o dinheiro aflui com maior rapidez, então o trabalho na fabricação de mercadorias, e com ele o trabalho da indústria em geral, que tem como consequência a riqueza pública, diminuiriam e desapareceriam. – Por isso as notas de banco e os títulos assinados não são considerados dinheiro, ainda que o representem por algum tempo. Pois não custa nenhum trabalho fabricá-los e o seu valor se funda unicamente na opinião de que se prolongará a possibilidade, até aqui efetiva, de trocá-los por dinheiro em espécie – uma opinião que, na eventual descoberta // 288 de que não há quantidade suficiente de dinheiro para uma troca fácil e segura, desaparece rapidamente e torna inevitável a falta de pagamento. – Assim, o trabalho de quem explora minas de ouro e prata no Peru ou no Novo México, sobretudo nas tão variadas e fracassadas tentativas de um esforço aplicado inutilmente na busca de filões, é provavelmente ainda maior do que o aplicado na fabricação de mercadorias na Europa e, não sendo pago nem portanto compensado, deixa-

113

ria aqueles países afundarem logo na miséria se, em contrapartida, o trabalho da Europa, estimulado justamente por esses materiais, não aumentasse ao mesmo tempo de forma proporcional, de modo a manter naqueles, com o oferecimento de artigos de luxo, o prazer na exploração das minas constantemente vivo; e de modo que o trabalho esteja sempre em concorrência com o trabalho.

Mas como é possível que aquilo que era inicialmente mercadoria se tenha por fim tornado dinheiro? Isso sucede quando um grande e poderoso consumidor de uma matéria, isto é, um soberano, que a princípio precisava dela apenas para o adorno e o brilho de seus serviçais (da corte) (por exemplo ouro, prata, cobre ou *cauri*, uma espécie de conchas preciosas, ou ainda, como no Congo, um tipo de prado chamado *macute*, ou, como no Senegal, barras de ferro, e mesmo escravos negros na costa da Guiné), passa a exigir a contribuição de seus súditos nessa matéria (como mercadoria) e, com a mesma matéria, paga em retorno àqueles cujo trabalho em procurá-la deve ser estimulado precisamente com isso segundo as disposições do comércio entre eles e com eles em geral (em um mercado ou em uma bolsa). – Somente assim (em minha opinião) pôde uma mercadoria tornar-se um meio legal de intercâmbio do trabalho dos súditos entre si e, com isso, também da riqueza estatal, isto é, tornar-se *dinheiro*.

Assim, o conceito intelectual de dinheiro, sob o qual está o empírico, é o conceito de algo que, compreendido na circulação da posse (*permutatio publica*), determina o *preço* de todas as demais coisas (mercadorias), às quais pertencem até mesmo as ciências, na medida em que não são ensinadas gratuitamente: a quantidade de dinheiro em um povo, portanto, constitui sua riqueza (*opu-*

lentia). Pois o preço (*pretium*) é o juízo público sobre o *valor* (*valor*) de uma coisa em relação à quantidade proporcional daquele que é o meio universal, representativo, da troca mútua de trabalho (da circulação). – Onde o comércio é grande, pois, nem o *ouro* nem // o cobre são considerados propriamente dinheiro, mas apenas mercadoria, porque há muito pouco do primeiro e muito do outro para colocá-los facilmente em circulação e, ainda assim, tê-los em partes tão pequenas quanto necessárias para a troca pela mercadoria ou uma quantidade suficiente para a menor das aquisições. A prata (mais ou menos mesclada com o cobre) é, por isso, tomada no grande comércio mundial como o autêntico material do dinheiro e o padrão para calcular todos os preços; os metais restantes (e ainda mais, portanto, os materiais não metálicos) só podem ser encontrados em um povo de comércio reduzido. – Os dois primeiros, quando foram não somente pesados, mas também selados, isto é, providos de um signo que indica o quanto devem valer, são dinheiro legal, isto é, *moeda*.

"O dinheiro é, pois, (segundo Adam Smith), aquele corpo cuja alienação é o meio e ao mesmo tempo a medida do trabalho com que os homens e os povos comercializam entre si." – Esta definição conduz o conceito empírico de dinheiro até o intelectual, já que considera somente a *forma* das prestações recíprocas no contrato oneroso (abstraído de sua matéria) e, com isso, na troca do meu e do seu em geral (*commutatio late sic dicta*) considera somente o conceito jurídico para representar de modo adequado a tábua, acima mencionada, de uma divisão dogmática *a priori* e, portanto, da metafísica do direito como um sistema.

II
O que é um livro?

Um livro é um escrito (se é escrito com pena ou com caracteres tipográficos, se contém poucas ou muitas páginas é aqui indiferente) que, por meio de signos linguísticos visíveis, representa um discurso que alguém dirige ao público. – Aquele que *fala* ao público em seu próprio nome é o *escritor* (*autor*). Aquele que fala publicamente através de um escrito em nome de um outro (do autor) é o *editor*. Este, quando o faz com permissão do autor, é o editor legítimo; mas se o faz sem essa permissão é o editor ilegítimo, ou seja, o *contrafator*. A soma de todas as cópias do original (exemplares) é a *edição*.

A *contrafação de livros está legalmente proibida*

Um *escrito* não é a designação imediata de um *conceito* (como, por exemplo, uma gravura em cobre que representa uma determinada pessoa em *retrato* ou um gesso que // a representa em *busto*), mas é um *discurso* dirigido ao público, isto é, o escritor *fala* publicamente por meio do editor. – Mas este, o *editor*, não fala (por intermédio de seu contramestre, *operarius*, o tipógrafo) em seu próprio nome (pois senão se faria passar por autor), e sim em nome do escritor, para o que está autorizado apenas mediante uma procuração (*mandatum*) que lhe é concedida pelo último. – Ora, o contrafator fala, por meio de sua edição arbitrária, também em nome do escritor, sem ter para isso, todavia, uma procuração do mesmo (*gerit se mandatarium absque mandato*); por conseguinte, ele comete um delito contra o editor autorizado pelo autor (e, portanto, o único conforme o direito), na medida em que lhe rouba a vantagem que este poderia tirar do uso de seu direito (*furtum usus*). Portanto, a *contrafação de livros está juridicamente proibida*.

A causa da aparência jurídica da contrafação de livros, que é, todavia, uma injustiça à primeira vista tão flagrante, consiste no seguinte: *de um lado*, o livro é um *produto artificial* material (*opus mechanicum*) que pode ser copiado (por quem se encontra em posse legítima de um exemplar do mesmo), e há nisso, portanto, um *direito real*; *de outro lado*, o livro é também o simples *discurso* do editor ao público, que ele não deve repetir publicamente (*praestatio operae*) sem ter para isso uma procuração do autor, o que constitui um *direito pessoal (acrescentei para dar sentido à frase)*. O erro consiste, então, em confundir esses dois direitos.

* * *

A confusão do direito pessoal com o direito real é ainda matéria de disputa em um outro caso (B, II, ∝) pertencente ao contrato de aluguel, a saber, o da locação (*ius incolatus*). – Pergunta-se: O proprietário, quando vende a um outro a sua casa (ou seu terreno), já alugada a alguém, antes do vencimento do tempo de locação, é obrigado a acrescentar ao contrato de venda a condição de continuidade da locação? Ou pode-se dizer que a compra rompe a locação (certamente no tempo de rescisão determinado pelo uso)? – No primeiro caso, a casa conteria de fato um *encargo* (*onus*), um direito a essa coisa que o // locatário teria adquirido sobre a mesma (a casa); o que pode muito bem acontecer (mediante o registro do contrato de locação sobre a casa), mas então não seria um simples contrato de locação, visto que para isso teria de ser acrescido ainda um outro contrato (ao que não se prestariam muitos locadores). Portanto, vale o princípio: "a venda rompe a locação", ou seja, o pleno direito a uma coisa (a propriedade) prevalece sobre todo direito pessoal que não pode coexistir com ele; assim permanece, contudo, aberta ao locatário, em virtude deste último direito, a possibilidade de reclamar uma indenização pelo prejuízo resultante da rescisão do contrato.

**Seção episódica
A aquisição ideal de um objeto exterior do arbítrio**

§ 32

Eu denomino *ideal* a aquisição que não contém causalidade alguma no tempo e que, por conseguinte, tem por fundamento uma mera ideia da razão pura. Ela não deixa por isso de ser uma aquisição *verdadeira*, não imaginária, e se não se chama real é unicamente porque o ato de aquisição não é empírico, posto que o sujeito adquire de um outro que ou *ainda não* é (do qual admitimos somente a possibilidade de que ele seja), ou *deixa de ser*, ou *não é mais*, de modo que o acesso à posse é uma mera ideia prática da razão. – São três os modos de aquisição: 1) por *usucapião*, 2) por *herança*, 3) por *mérito imortal* (*meritum immortale*), isto é, a pretensão a um bom nome após a morte. Todos os três podem certamente ter seu efeito somente em um estado jurídico público, todavia não se *fundam* apenas na constituição do mesmo e em estatutos arbitrários, mas podem ser pensados também *a priori* no estado de natureza, e é mesmo necessário pensá-los previamente para depois estabelecer, conforme a isso, as leis na constituição civil (*sunt iuris naturae*).

I
O modo de aquisição por usucapião

§ 33

Eu adquiro a propriedade de um outro simplesmente pela *posse prolongada* (*usucapio*) não porque eu possa *pressupor* legitimamente // seu consentimento a respeito disso (*per consensum praesumtum*), nem porque eu possa supor, dado que este não se contrapõe, que tenha *abandonado* sua coisa (*rem derelictam*), e sim porque, se houvesse alguém (um pretendente) que reivindicasse verdadeiramente essa coisa enquanto proprietário, eu posso ainda *excluí*-lo meramente por minha posse prolongada, ignorar sua existência anterior e até mesmo proceder como se durante o tempo de minha posse existisse somente como um produto de pensamento; ainda que pudesse ter sido informado em seguida tanto de sua existência como de sua reivindicação. – A este modo de aquisição se denomina, não de forma totalmente correta, a aquisição por *prescrição* (*per praescriptionem*). A exclusão, com efeito, deve ser considerada apenas como consequência daquela: a aquisição tem de ser precedente. – A possibilidade de adquirir desse modo deve ser provada agora.

Aquele que não exerce um *ato* constante *de posse* (*actus possessorius*) de uma coisa exterior como sua é legitimamente considerado inexistente (como possuidor), pois ele não pode queixar-se de uma lesão se não fizer jus ao título de possuidor. E se mais tarde, tendo já um outro tomado posse da coisa, declarar-se também como possuidor, estará dizendo apenas que o foi algum dia, mas não que ainda o seja, nem que a posse, sem um ato jurídico contínuo, tenha permanecido ininterrupta. – Portanto, somente por um ato de posse jurídica, isto é, que se mantém continuamente e está documentado, pode ele assegurar o seu, apesar de uma falta de uso prolongada.

Pois, supondo que a omissão desse ato de posse não tenha como consequência que um outro funde sobre sua posse regular e honrada (*possessio bonae fidei*) uma posse juridicamente sólida e considere como adquirida por ele a coisa que está em sua posse, então nenhuma aquisição seria peremptória (assegurada), mas todas seriam apenas provisórias (interinas); porque a investigação histórica é incapaz de retroagir em suas pesquisas até o primeiro possuidor e seu ato de aquisição. – Portanto, a presunção sobre a qual se funda o usucapião (*usucapio*) não é *legítima* (permitida, *iusta*) meramente enquanto *conjectura*, mas é também legal (*praesumtio iuris et de iure*) como pressuposto segundo leis coercitivas (*suppositio legalis*): quem deixa de documentar seu ato de posse perde sua pretensão face ao atual possuidor, e a extensão do tempo de omissão (que em absoluto // não pode nem deve ser determinada) só será mencionada a fim de certificar esse abandono. Mas que um possuidor até então desconhecido possa sempre recuperar (reivindicar) a coisa, quando aquele ato de posse (seja ele também sem culpa sua) foi interrompido, contradiz o já citado postulado da razão prático-jurídica (*dominia rerum incerta facere*).

Ora, se ele é um membro da comunidade política, isto é, se está no estado civil, o Estado pode muito bem conservar-lhe a posse (representando-o) mesmo se esta foi interrompida como posse privada, e o atual possuidor não está obrigado a provar seu título de aquisição remontando até a primeira, nem tampouco está obrigado a basear-se no título de usucapião. No estado de natureza, contudo, este último é legítimo, não propriamente para adquirir-se por meio dele uma coisa, mas para manter-se na posse da mesma sem um ato jurídico; a esta isenção de reivindicações denomina-se habitualmente também aquisição. – Portanto, a prescrição do possuidor mais antigo pertence ao direito natural (*est iuris naturae*).

II
A herança
(Acquisitio hereditatis)

§ 34

A *herança* é a transferência (*translatio*) dos haveres e bens de um moribundo a um sobrevivente com a concordância da vontade de ambos. – A aquisição por parte do *herdeiro* (*heredis instituti*) e a cessão por parte do testador (*testatoris*), isto é, essa troca do meu e do seu, ocorrem em um instante (*articulo mortis*), ou seja, justamente quando o último deixa de existir. Portanto, ela não é propriamente uma transferência (*translatio*) em sentido empírico, que pressupõe dois atos sucessivos – a saber, primeiro um cede sua posse e, segundo, o outro a recebe –, mas é uma aquisição ideal. – Posto que no estado de natureza a herança não pode ser pensada sem *testamento* (*dispositio ultimae voluntatis*), e que a questão de se ela é um pacto sucessório (*pactum successorium*) ou uma *instituição unilateral do herdeiro* (*testamentum*) depende da questão de se e como é possível uma passagem do meu e do seu precisamente no mesmo momento em que o sujeito deixa de existir, // então a questão "como é possível o modo de aquisição através da herança?" terá de ser investigada independentemente das muitas formas de sua realização (que só têm lugar em uma comunidade política).

"É possível adquirir por instituição de herdeiros." – O testador Caio promete e declara em sua última vontade que, em caso de sua morte, seus haveres devem passar a Tito – o qual nada sabe da promessa –, e que enquanto viver, portanto, permanece o único proprietário dos mesmos. Ora, nada pode passar a outro por mera vontade unilateral, senão que se requer para isso, além da promessa, também a aceitação (*acceptatio*) da outra parte e uma vontade simultânea (*voluntas simultanea*), a qual, todavia, aqui falta. Pois, enquanto Caio vive, Tito não pode expressamente aceitar e, desse modo, adquirir: aquele só prometeu em caso de morte (do contrário, a propriedade seria comum num instante, o que não é vontade do testador). – Não obstante, Tito adquire tacitamente um direito particular à *sucessão* como direito real, isto é, o direito de aceitá-la exclusivamente (*ius in re iacente*), e por isso ela se denomina *hereditas iacens* no momento em questão. Ora, dado que todo homem aceita tal direito necessariamente (porque assim bem pode ganhar, mas nunca perder), portanto também tacitamente, e dado que depois da morte de Caio esse é o caso de Tito, então este pode, aceitando a promessa, adquirir o patrimônio legado – o qual, durante esse tempo, não teria ficado completamente sem dono (*res nullius*), mas apenas *vacante* (*res vacua*), já que Tito tinha o direito exclusivo de escolher se queria ou não tornar seus os haveres deixados.

Os testamentos são válidos, portanto, segundo o mero direito natural (*sunt iuris naturae*), uma afirmação pela qual se entende, todavia, que são suscetíveis e dignos de ser introduzidos e sancionados no estado civil (quando este um dia surge). Pois apenas este (a vontade universal nele) protege a posse da sucessão enquanto esta estiver suspensa entre a aceitação e a rejeição, não pertencendo propriamente a ninguém.

// III
O legado de um bom nome depois da morte
(Bona fama defuncti)

§ 35

Seria um absurdo pensar que o defunto, após sua morte (quando, portanto, já não existe mais), pudesse ainda possuir algo, se o legado fosse uma coisa. Ora, o *bom nome* é um meu ou seu exterior inato, ainda que meramente ideal, que se prende ao sujeito enquanto pessoa de cuja natureza posso e tenho de abstrair (se com a morte ela deixa de existir por completo ou subsiste como tal), pois na relação jurídica com outrem considero cada pessoa, de fato, apenas segundo sua humanidade, portanto como *homo noumenon*. Assim, qualquer tentativa de difamá-lo após a morte é sempre questionável, ainda que possa muito bem haver uma acusação fundada para fazê-lo (portanto é incorreto o princípio: *de mortuis nihil nisi bene*). Pois difundir críticas contra o ausente que não pode defender-se, sem ter a máxima certeza delas, é no mínimo falta de generosidade.

Que por meio de uma vida irrepreensível e uma morte que a encerra com dignidade o homem adquira como seu um nome (negativamente) bom, que sobrevive a ele quando o mesmo não existe mais como *homo phaenomenon*; que os sobreviventes (parentes ou estranhos) estejam também autorizados a defendê-lo perante o direito (porque a acusação não provada os coloca conjuntamente em perigo, em virtude de uma acusação semelhante após sua morte); que ele, digo eu, possa assim adquirir um tal direito: tudo isso é um fenômeno tão raro quanto inegável da razão legisladora *a priori*, que estende seu mandamento e proibição também além dos limites da vida. – Se alguém difunde o delito de um defunto, que em vida o teria tornado desonroso ou ao menos desprezível, então qualquer um que possa apresentar prova de que a acusação é deliberadamente falsa e mentirosa pode qualificar publicamente como caluniador a quem difama o morto e, por conseguinte, desonrá-lo – algo que não poderia fazer se não pressupusesse, com razão, que o defunto, mesmo já estando morto, seria assim ofendido e obteria, mesmo já não existindo, uma reparação por meio dessa apologia[7]. // Tampouco poderia ele comprovar a autorização para assumir o papel de apologista do defunto, pois todo homem a reivindica inevitavelmente para si como algo pertencente não somente ao dever de virtude (eticamente considerado), mas mesmo ao direito da humanidade em geral – e aqui não seria necessário nenhum prejuízo pessoal específico, acarretado a amigos ou parentes por tal ofensa à imagem do defunto, para justificar a sua repreensão. É indiscutível, pois, que estejam fundados uma tal aquisição ideal e um direito do homem após a sua morte perante todos os sobreviventes, ainda que a possibilidade deste direito não seja suscetível de dedução alguma.

TERCEIRO CAPÍTULO
DA AQUISIÇÃO SUBJETIVAMENTE CONDICIONADA PELA SENTENÇA DE UMA JURISDIÇÃO PÚBLICA

§ 36

Se por direito natural entender-se apenas o não estatutário, portanto apenas o direito cognoscível *a priori* pela razão de cada ser humano, // então pertencerão a ele não apenas a *justiça* vigente entre as pessoas em sua relação recíproca (*iustitia commutativa*), mas também a justiça distributiva (*iustitia distributiva*) tal como pode ser conhecida *a priori* segundo a lei que faz com que ela tenha de ditar seu veredicto (*sententia*).

A pessoa moral que administra a justiça é a *corte de justiça* (*forum*) e, quando exerce sua função, o *tribunal* (*iudicium*): tudo isso pensado apenas segundo condições jurídicas *a priori*, sem levar em consideração como teria de ser realmente estabelecida e organizada uma tal constituição (à qual pertencem estatutos e, portanto, princípios empíricos).

A questão, portanto, não consiste meramente em definir o que é *em si justo*, ou como cada homem teria de julgar por si mesmo, mas sim o que é justo perante uma corte de justiça, isto é, o que é de direito. E aqui há *quatro* casos a que os dois tipos de juízos se aplicam diferente e contrariamente, podendo no entanto coexistir porque são concebidos a partir de dois pontos de vista diferentes, ambos verdadeiros: o direito privado e a ideia do direito público. – Eles são: 1) o *contrato de doação* (*pactum donationis*); 2) o *contrato de empréstimo* (*commodatum*); 3) a *reivindicação* (*vindicatio*); 4) o *juramento* (*iuramentum*).

É um erro habitual de *sub-repção* (*viitium subreptionis*) dos juristas considerar também como objetivo, como justo em si mesmo, aquele princípio jurídico que uma corte de justiça está autorizada, e mesmo obrigada, a adotar para seus próprios fins (portanto de um ponto de vista subjetivo) com vistas a sentenciar e julgar sobre o direito que compete a cada um, quando na verdade a primeira questão é muito diferente da última. – Por isso não é de pouca importância conhecer essa diferença específica e chamar a atenção para ela.

A

§ 37
Do contrato de doação

Este contrato (*donatio*), pelo qual *alieno gratuitamente* (*gratis*) aquilo que é meu, a minha coisa (ou o meu direito), contém uma relação segundo o *direito privado* entre mim, o doador (*donans*), e um outro, o donatário // (*donatarius*), pela qual o meu passa a ele pela sua aceitação (*donum*). – Não se pode presumir, entretanto, que com isso eu admita estar coagido a cumprir minha promessa e, portanto, também disposto a desfazer-me fortuitamente de minha *liberdade*, como que vendendo a mim mesmo (*nemo suum iactare praesumitur*) – o que, no entanto, ocorreria de acordo com o direito no estado civil –, pois nele o donatário pode *coagir*-me a cumprir a promessa. Assim, se o caso chegasse ao tribunal, isto é, sob um direito público, seria necessário presumir ou que o doador teria consentido com essa coerção, o que é absurdo, ou que a corte de justiça, em seu veredicto (sentença), observaria não o fato de aquele ter ou não pretendido conservar a liberdade de renunciar à sua promessa, mas sim o que é certo, a saber, a promessa e a aceitação do promissário. Pois mesmo que o promitente, por suspeito que pareça, tenha pensado que, no caso de arrepender-se de ter feito a promessa antes de cumpri-la, não poderia ser obrigado a cumpri-la, o tribunal supõe, porém, que ele deveria ter-se reservado essa possibilidade explicitamente e que, se não o fez, pode ser forçado a cumprir a promessa. A corte de justiça adota esse princípio porque, do contrário, se tornaria infinitamente difícil, ou mesmo impossível, proferir a sentença.

B

§ 38
Do contrato de empréstimo

Neste contrato (*commodatum*), pelo qual permito a alguém o uso gratuito do meu, e no qual, quando este é uma coisa, os pactantes concordam em devolver a meu poder *precisamente a mesma* coisa, aquele que recebe a coisa emprestada (*commodatarius*) não pode presumir ao mesmo tempo em que o proprietário da mesma (*commodans*) assuma também, sobre si, todos os riscos (*casus*) da possível perda da coisa ou de suas qualidades úteis, que poderiam resultar do fato de ele tê-la passado à posse do comodatário. Pois não é por si evidente que o proprietário, além de conceder ao comodatário o uso de sua coisa (envolvendo a deterioração da mesma que é inseparável desse uso), tenha renunciado também à *garantia* // contra todo dano que possa surgir do fato de ela estar fora de sua custódia: para isso, ao contrário, teria de ser feito um contrato particular.

A questão que se tem de fazer, portanto, é

apenas a seguinte: A qual dos dois – o comodante ou o comodatário – cabe a obrigação de acrescentar expressamente ao contrato de empréstimo a condição de assumir os riscos que a coisa possa correr? Ou, se isso não acontecer, de quem se pode *presumir* o *consentimento* em assegurar a propriedade do comodante (por meio da devolução da mesma ou de um equivalente)? Não daquele que empresta, pois não se pode presumir que ele tenha permitido, gratuitamente, mais do que o mero uso da coisa (nomeadamente a responsabilidade pela segurança da propriedade mesma), mas sim do comodatário, pois assim ele não faz nada além do que já está contido no contrato.

Se numa chuva torrencial, por exemplo, eu entro em uma casa e peço emprestada uma capa, mas ela é depois permanentemente estragada – por meio, digamos, de materiais descolorantes derramados de uma janela – ou roubada de mim numa outra casa onde eu a tenha deixado, soará absurda a qualquer um a afirmação de que eu não teria nada a fazer, a não ser devolvê-la no estado em que se encontra ou apenas notificar o roubo, constituindo uma mera cortesia eu consolar o proprietário por essa perda, já que por direito ele nada poderia exigir. – Seria inteiramente diferente se eu, ao solicitar o uso da coisa, pedisse com antecedência ao proprietário que assumisse também os riscos que ela pudesse sofrer em minhas mãos, já que eu era pobre e incapaz de reparar a perda. Ninguém acharia supérflua ou ridícula esta demanda, a não ser que aquele que empresta fosse um homem notoriamente rico e bem-pensante, pois neste caso seria quase uma ofensa não presumir a remissão generosa de minha culpa.

* * *

Ora, dado que no contrato de empréstimo sobre o meu e o seu nada foi acordado sobre o possível acidente (*casus*) que a coisa poderia sofrer (como traz consigo a natureza deste contrato), e que ele é, portanto, um contrato // incerto (*pactum incertum*) – porque o consentimento só foi presumido –, o juízo sobre isso, ou seja, a decisão sobre quem deve assumir o infortúnio, não pode ser tomada a partir das condições do contrato em si mesmo, mas somente *perante uma corte de justiça* que considera, no contrato, apenas o que é certo (que é aqui a posse da coisa como propriedade). Assim, o juízo no *estado de natureza*, isto é, segundo a constituição interna da coisa, determinará o seguinte: o dano do acidente sofrido por uma coisa emprestada recai sobre o *comodatário* (*casum sentit commodatarius*); no *estado civil*, em contrapartida, portanto perante uma corte de justiça, a sentença será: o dano recai sobre *aquele que empresta* (*casum sentit dominus*), e certamente por um fundamento que difere do veredicto da mera razão comum, porque um juiz público não pode deixar-se enredar em presunções sobre o que uma ou outra parte possa ter pensado, mas que aquele que não preservou, por meio de um contrato particular anexo, a liberdade em relação a todo dano concernente à coisa emprestada tem de suportar este último. – Portanto, a diferença entre o juízo como teria de emiti-lo um tribunal e o juízo que a razão privada de cada um está autorizada a emitir por si, é um ponto do qual não se deve descuidar em absoluto na correção dos juízos jurídicos.

C
A reivindicação (recuperação) da coisa perdida
(vindicatio)

§ 39

Que uma coisa duradoura, que é minha, permanece minha mesmo se eu não estiver com a posse duradoura dela, e não deixa de ser minha a não ser por um ato jurídico (*derelictionis vel alienationis*); e que me cabe um direito a esta coisa (*ius reale*), portanto um direito face a *todo* detentor da mesma e não só diante de uma pessoa determinada (*ius personale*), está claro a partir do que foi acima exposto. Agora, a questão é se esse direito deve ser também considerado *por qualquer outro* como uma propriedade por si duradoura, quando eu *simplesmente não renunciei* a ela, mas a coisa está em posse de um outro.

Se uma coisa foi perdida (*res amissa*) e chega a mim *de boa-fé* (*bona fide*) por um outro, como um suposto achado, // ou por alienação formal do possuidor que se comporta como proprietário sem o ser, então trata-se de saber se, por eu não poder adquirir uma coisa de um *não proprietário* (*a non domino*), ficarei excluído pelo proprietário de todo direito a esta coisa e se me resta apenas um direito pessoal perante o possuidor ilegítimo. – O último é evidentemente o caso se a aquisição é julgada somente segundo seus fundamentos internos de legitimação (no estado de natureza) e não segundo a conveniência de uma corte de justiça.

Tudo o que é alienável, pois, tem de poder ser adquirido por alguém. Mas a conformidade da aquisição ao direito repousa inteiramente sobre a forma pela qual o que está em posse de um outro me é transferido e aceito por mim, isto é, repousa sobre a formalidade do ato jurídico de troca (*commutatio*) entre o possuidor da coisa e o adquirente, sem que se precise perguntar como o possuidor chegou a sê-lo – pois isto já seria uma ofensa (*quilibet praesumitur bonus, donec etc.*). Supondo que resultasse em seguida, pois, que o proprietário não fosse aquele, mas um outro, então não posso dizer que este poderia haver-se comigo diretamente (como tampouco com qualquer outro que seja detentor da coisa). Pois eu não lhe roubei nada, mas comprei conforme à lei (*titulo emti venditi*). Por exemplo, o cavalo colocado à venda no mercado público: porque o título de aquisição é de minha parte inquestionável, eu (enquanto comprador) não estou obrigado, nem sequer autorizado, a investigar o título de posse do outro (do vendedor) – porque esta indagação na série ascendente conduziria ao infinito. Pela compra convenientemente titulada, portanto, tornei-me o proprietário verdadeiro, e não apenas putativo, do cavalo.

Contra isso, contudo, levantam-se os seguintes princípios jurídicos: toda aquisição proveniente de alguém que não é proprietário da coisa (*a non domino*) é nula e inválida. A partir do seu de um outro posso derivar apenas o que ele, conforme ao direito, teve; e mesmo que eu, no que se refere à forma da aquisição (*modus acquirendi*), proceda de modo completamente legal ao comprar um cavalo roubado que está à venda no mercado, falta ainda o título de aquisição, pois o cavalo não era o seu do próprio vendedor. Eu posso sempre ser um *honrado* possuidor do mesmo (*possessor bonae fidei*), mas sou, contudo, somente um proprietário putativo (*dominus putativus*), e o verdadeiro // proprietário tem um direito de *reivindicação* (*rem suam vindicandi*).

Quando se pergunta o que, entre os homens (no estado de natureza), segundo princípios de justiça no intercâmbio de uns com os outros (*iustitia commutativa*), é *em si* de direito na aquisição de coisas externas, é preciso reconhecer que quem tem essa intenção deve necessariamente investigar se a coisa que quer adquirir já não pertence a um outro. Quer dizer, se ele observa exatamente as condições formais da derivação da coisa que faz parte do seu do outro (o cavalo comprado devidamente no mercado), ele pode adquirir no máximo, enquanto lhe for desconhecido se o verdadeiro proprietário da mesma não é um terceiro (que não o vendedor) o *direito pessoal* em vista de uma coisa (*ius ad rem*), de modo que, se encontrar alguém que pudesse documentar sua propriedade anterior, nada restaria ao suposto novo proprietário senão desfrutar legalmente a utilidade que disso retirou como possuidor honrado até o momento. – Ora, na série de proprietários putativos, que derivam seu direito uns dos outros, é na maior parte das vezes impossível encontrar o absolutamente primeiro (o proprietário originário), pois nenhuma troca de coisas exteriores, por mais que esteja de acordo com as condições formais desse tipo de justiça (*iustitia commutativa*), pode garantir uma aquisição segura.

* * *

A razão juridicamente legisladora reaparece aqui com o princípio da *justiça distributiva*, que consiste em tomar como norma a conformidade da posse ao direito não como seria julgada *em si* com relação à vontade privada de cada um (no estado de natureza), mas somente como seria julgada perante uma *corte de justiça* em um estado originado da vontade universalmente unificada (em um estado civil). Neste estado, então, o acordo com as condições formais de aquisição, que em si fundam apenas um direito pessoal, é postulado como suficiente para substituir os fundamentos materiais (que fundam a derivação do seu de um pretenso proprietário anterior), e um direito pessoal *em si, posto diante de uma corte de justiça*, vale como um direito real. O cavalo, por exemplo, // que está à venda para qualquer um no mercado público, regulado pela lei policial, torna-se minha propriedade se forem observadas com exatidão todas as regras de compra e venda (de modo que o verdadeiro proprietário conserva o direito de reclamar com o vendedor por causa de sua antiga e não perdida posse); e o que de outro modo seria meu direito pessoal transforma-se em um direito real, segundo o qual posso tomar (reivindicar) o meu onde o encontrar, sem preocupar-me com o modo pelo qual o vendedor o obteve.

É somente no interesse, portanto, de um veredicto jurídico perante uma corte de justiça (*in favorem iustitiae distributivae*), que o direito a respeito de uma coisa é considerado e tratado não *como ele é em si* (como um direito pessoal), mas como ele pode ser julgado *do modo mais fácil* e seguro (como direito real) segundo um princípio puro *a priori*. – Sobre este se fundamentam, por conseguinte, diversas leis estatutárias (disposições) que têm como propósito, sobretudo, estabelecer as únicas condições sob as quais uma forma de aquisição deve ter validade jurídica, de modo que *o juiz* possa adjudicar a cada um o seu do modo *mais fácil e sem hesitação*. É o caso, por exemplo, da proposição "a compra rompe o aluguel", pela qual aquilo que segundo a natureza do contrato, ou seja, em si, é um direito real (o aluguel), vale como mero direito pessoal e vice-versa – como aquilo que é em si apenas um direito pessoal, no caso acima citado, vale como um direito real quando se trata de saber a quais princípios se deve referir uma corte de justiça no estado civil, para proceder do modo mais seguro, em suas sentenças, quanto ao direito que corresponde a cada um.

D
Da aquisição da garantia por
prestação de juramento
(Cautio iuratoria)

§ 40

Não se poderia indicar outra razão, para obrigar juridicamente os homens a *acreditar* e reconhecer que haja deuses, a não ser para que prestem um juramento e possam ser obrigados à veracidade em suas declarações e fiéis em suas promessas por medo de um poder supremo onisciente cuja vingança, caso fossem falsas suas declarações, eles incitariam solenemente contra si. Que desse modo // não se contou com a moralidade de ambas as partes, mas simplesmente com uma cega superstição – meras lendas funcionando como motivos para agir –, é algo que se pode deduzir do fato de que nas questões jurídicas não se espera garantia alguma da mera declaração *solene* perante o tribunal, ainda que o dever de veracidade pareça tão evidente a todos quando se trata daquilo que pode haver de mais sagrado entre os seres humanos (o direito dos homens). Veja-se, por exemplo, o caso dos *Rejangs*, um povo pagão de Sumatra que, segundo o testemunho de Marsden, jura pelos ossos dos parentes mortos mesmo sem acreditar na existência de vida após a morte. Ou então o juramento dos *negros da Guiné* por seu *fetiche*: por exemplo, uma pluma de pássaro que eles acreditam ser capaz de quebrar-lhes o pescoço etc. Eles creem que um poder invisível, dotado ou não de entendimento, tem por sua própria natureza essa força mágica para entrar em ação a partir de tal chamado. – Uma tal crença, cujo nome é religião – embora se devesse chamar "superstição" –, é contudo imprescindível para a administração da justiça, pois sem contar com ela a *corte de justiça* não estaria suficientemente capacitada para desvendar *facta* ocultos e sentenciar corretamente. Uma lei que obrigue a isso, portanto, tem por único objetivo auxiliar o poder judiciário.

Coloca-se, porém, a seguinte questão: Em que se baseia a obrigação que alguém deve ter, perante o tribunal, de aceitar o juramento de um outro como um argumento juridicamente válido da verdade de sua afirmação, como algo capaz de pôr fim a qualquer contenda? Em outras palavras: O que me obriga, juridicamente, a acreditar que um outro (aquele que jura) tenha de fato religião, para assim submeter o meu direito a seu juramento? E também o inverso: Posso eu, de fato, ser obrigado a jurar? Ambas as coisas são em si injustas.

No entanto, em uma corte de justiça, portanto num estado civil, deve-se pressupor que todos têm religião quando se aceita que, em determinados casos, não há outro meio para chegar à verdade além do juramento. A religião é utilizada, assim, como um meio necessário (*in casu necessitatis*) ao procedimento jurídico numa *corte de justiça*, a qual considera essa coerção espiritual (*tortura spiritualis*) o meio mais ágil, e mais adequado à tendência supersticiosa dos homens, para descobrir o oculto, sendo por isso autorizado o seu uso. − O poder legislativo, entretanto, atua no fundo injustamente ao outorgar essa competência ao judiciário, // pois mesmo no estado civil uma coerção para prestar juramento se opõe à inalienável liberdade humana.

Se os juramentos oficiais, que usualmente são *promissórios*, ou seja, relativos ao firme *propósito* de desempenhar o cargo devidamente, se transformassem em *assertóricos*, ou seja, se o funcionário tivesse ao final de um ano (ou mais), por exemplo, de jurar ter sido fiel à sua gestão durante esse tempo, isso seria, em parte, mais eficaz na mobilização da consciência do que o juramento por promessa, que deixa sempre aberta a possibilidade de alegar que não se podiam prever, mesmo com as melhores intenções, as dificuldades que somente mais tarde, durante o exercício do cargo, seriam conhecidas. E as infrações ao dever, se pudessem ser totalizadas por um observador, gerariam maior inquietude, relativamente à censura, do que se fossem censuradas apenas uma após a outra (as precedentes sendo gradativamente esquecidas). − O juramento de *fé* (*de credulitate*), no entanto, não pode de modo algum ser exigido por um tribunal. Em primeiro lugar, porque contém em si mesmo uma contradição: é uma coisa intermediária entre a opinião e o saber, por meio da qual se pode bem *apostar*, mas de modo algum *jurar*. Em segundo lugar, porque o juiz que exigisse tal juramento de fé de uma parte, para averiguar algo relacionado com seu propósito, mesmo que se tratasse do bem comum, comete uma grave falta contra a consciência daquele que jura, em parte pela frivolidade a que lhe induz e o fracasso do juiz em sua própria intenção, em parte pelos remorsos que um homem teria de sentir, já que uma coisa que é vista como muito provável hoje, a partir de um certo ponto de vista, pode ser vista amanhã, a partir de um outro, como altamente improvável. E com isso o juiz estaria lesando aquele a quem força prestar tal juramento.

Transição do meu e seu no estado de natureza ao meu e seu no estado jurídico em geral

§ 41

O estado jurídico é aquela relação dos homens entre si que contém as únicas condições sob as quais cada um pode *participar* do seu // direito, e o princípio formal da possibilidade do mesmo, considerado segundo a ideia de uma vontade universalmente legisladora, chama-se justiça pública, a qual, em relação à possibilidade, à realidade ou à necessidade da posse de objetos (como matéria do arbítrio) segundo leis, pode ser dividida em *justiça tutelar* (*iustitia tutatrix*), *comutativa* (*iustitia commutativa*) e *distributiva* (*iustitia distributiva*). – Aqui a lei enuncia, *em primeiro lugar*, simplesmente qual comportamento é internamente *justo* segundo a forma (*lex iusti*); *em segundo lugar*, enuncia o que, segundo a matéria, é ainda exteriormente legalizável, isto é, aquilo cujo estado de posse é *jurídico* (*lex iuridica*); *em terceiro lugar*, enuncia em que e por que a sentença de uma corte de justiça é conforme à lei dada em um caso particular, ou seja, é *de direito* (*lex iustitiae*) – donde podermos também denominar a esta corte de justiça mesma a *justiça* de um país e, como a mais importante dentre todas as questões jurídicas, perguntar se existe ou não uma tal justiça.

O estado não jurídico, ou seja, aquele em que não há justiça distributiva, chama-se estado natural (*status naturalis*). A ele não se opõe o estado *social* (como pensa Achenwall), que se poderia chamar estado artificial (*status artificialis*), mas sim o estado *civil* (*status civilis*) de uma sociedade submetida à justiça distributiva. Pois no estado de natureza também pode haver sociedades legítimas (por exemplo, a conjugal, a familiar, a doméstica em geral e quantas mais se quiser) para as quais não vale *a priori* nenhuma lei dizendo "você deve ingressar neste estado", como se poderia dizer do estado *jurídico* que todos os homens que podem manter relações jurídicas entre si (mesmo que involuntariamente) *devem* ingressar nesse estado.

O estado de natureza e o estado social podem ser denominados estado de *direito privado*; o estado civil, porém, estado de *direito público*. Este não contém nada além, nem mesmo mais deveres dos homens entre si, do que o que pode ser pensado naquele, e também a matéria do direito privado é precisamente a mesma em ambos. As leis do último, portanto, concernem apenas à forma jurídica da convivência (a constituição), em vista da qual essas leis têm de ser concebidas necessariamente como públicas.

Mesmo a *união civil* (*unio civilis*) não pode ser denominada *sociedade*, pois entre o *soberano* (*imperans*) // e o *súdito* (*subditus*) não há uma relação de cooperação: eles não são associados e não estão coordenados, mas sim *subordinados* um ao outro. Os que se coordenam entre si têm, precisamente por isso, de considerar-se uns aos outros como iguais na medida em que se encontram submetidos a leis comuns. Aquela união, portanto, não é uma sociedade, mas antes *produz* uma sociedade.

§ 42

Do direito privado no estado de natureza surge então o postulado do direito público: "em uma relação de inevitável coexistência com todos os outros, você deve passar daquele estado a um estado jurídico, ou seja, a um estado de justiça distributiva". – A razão para isso pode ser desenvolvida analiticamente do conceito de *direito* na relação exterior, por oposição à violência (*violentia*).

Ninguém está obrigado a abster-se de atentar contra a posse do outro se este não lhe dá também, simetricamente, a garantia de que observará frente a ele precisamente a mesma conduta de abstenção. Ele não precisa, portanto, aguardar até ser informado da disposição contrária desse outro por meio de uma triste experiência: pois o que deveria obrigá-lo a esperar pelos danos para tornar-se prudente, se ele já pode perceber suficientemente, em si mesmo, a inclinação dos seres humanos em geral a representar o papel de mestre dos demais (a não respeitar a superioridade do direito dos outros quando se sentem superiores a estes em poder ou astúcia)? Não é necessário, pois, esperar pela hostilidade efetiva, e ele está autorizado a uma coerção contra quem, já segundo sua natureza, o ameaça com isso. (*Quilibet praesumitur malus, donec securitatem dederit oppositi.*)

Dado o propósito de estar e permanecer nesse estado de liberdade externa sem lei, eles não agem absolutamente de maneira injusta, *uns com relação aos outros*, quando combatem entre si; pois o que vale para um vale também reciprocamente para o outro, como por um acordo (*uti partes de iure suo disponunt, ita ius est*): mas em geral agem de maneira injusta[8], no mais alto grau, ao querer estar e permanecer em um estado // que não é jurídico, isto é, um estado em que ninguém está seguro do seu diante do emprego da violência.

// SEGUNDA PARTE DA DOUTRINA DO DIREITO

O DIREITO PÚBLICO

**Primeira seção
O direito político**

// O direito público

**Primeira seção
O direito político**

§ 43

O conjunto de leis que precisam ser universalmente promulgadas para produzir um estado jurídico é o *direito público*. – Este é, portanto, um sistema de leis para um povo, isto é, para um conjunto de homens ou para um conjunto de povos que, estando entre si em uma relação de influência recíproca, necessitam de um estado jurídico sob uma vontade que os unifique numa *constituição* (*constitutio*) para se tornarem participantes daquilo que é de direito. – Este estado de relação mútua entre os indivíduos no povo chama-se estado civil (*status civilis*), e o seu todo, em relação aos seus próprios membros, é o *Estado* (*civitas*), que se denomina *comunidade política* (*res publica latius sic dicta*) devido à sua forma, enquanto unida pelo interesse comum de todos em estar em um estado jurídico, mas que, em relação com outros povos, chama-se simplesmente *potência* (*potentia*) (de onde a palavra *potentado*), a qual, em virtude de sua (pretensa) união herdada, denomina-se também nação (*gens*). Sob o conceito geral de direito público, assim, há motivo para pensar não somente um direito político, mas também um *direito das gentes* (*ius gentium*), e, como a terra não é ilimitada, mas uma superfície finita por si mesma, ambos tomados em conjunto conduzem inevitavelmente à ideia de um *direito político das gentes* (*ius gentium*) ou *direito cosmopolita* (*ius cosmopoliticum*), de modo que, se o princípio que restringe a liberdade externa por meio de leis faltar a uma dessas três formas do estado jurídico, o edifício das duas restantes ficará inevitavelmente arruinado e acabará por desabar.

// § 44

Não é pela experiência, certamente, que aprendemos sobre a máxima da violência dos homens e a sua maldade em combater mutuamente antes que apareça uma legislação externa dotada de poder. Não é um fato, portanto, que torna necessária a coerção legal pública. Ao contrário, sendo os homens também pensados como seres bons e amantes do direito, como se quer, então encontra-se *a priori*, na ideia racional de um semelhante estado (não jurídico), que, antes de ser estabelecido um estado legal público, os homens, os povos e os estados isolados nunca podem estar mutuamente garantidos contra a violência, nem seguros para fazer cada um *o que lhe parece justo e bom* por seu próprio direito, sem depender para isso da opinião de outro. A primeira coisa, portanto, sobre a qual cabe ao ser humano decidir, se não quer renunciar a todos os conceitos jurídicos, é o seguinte princípio: é preciso sair do estado de natureza, em que cada um age como que lhe vem à cabeça, e unir-se com todos os demais (com os quais não pode evitar entrar em relação recíproca) para submeter-se a uma coerção externa legalmente pública; ingressar em um estado, portanto, onde aquilo que deve ser reconhecido como o seu seja *legalmente* determinado a cada um e atribuído por um *poder* suficiente (que não seja o seu, mas sim um poder exterior); em outras palavras, ele deve ingressar antes de qualquer coisa, *em um estado civil*.

Certamente o seu estado de natureza não deveria ser, por isso, um estado de *injustiça* (*iniustus*), em que os homens se confrontassem uns com os outros somente segundo a simples medida de sua força; mas era na verdade um estado desprovido de direito (*status iustitia vacuus*), no qual, quando o direito era *controverso* (*ius controversum*), não se encontrava nenhum juiz competente para emitir uma sentença com força de lei, em nome da qual seria permitido a cada um impelir o outro pela violência a entrar em um estado jurídico: porque, embora segundo os *conceitos jurídicos* próprios de cada um algo exterior possa ser adquirido por ocupação ou por contrato, esta aquisição é somente *provisória*, todavia, enquanto não tiver para si a sanção de uma lei pública, já que não está determinada por uma justiça pública (distributiva) nem assegurada por nenhum poder que exerça esse direito.

Se antes do ingresso no estado civil não se quisesse reconhecer nenhuma aquisição como jurídica, nem sequer provisoriamente, então aquele estado mesmo seria impossível. Quanto à forma, // com efeito, as leis sobre o meu e o seu no estado de natureza contêm o mesmo que é prescrito no estado civil na medida em que este é pensado somente segundo conceitos puros da razão – neste último são dadas apenas as condições sob as quais aquelas são postas em exercício (conforme a justiça distributiva). – Assim, pois, se no estado de natureza não existisse *provisoriamente* um meu e seu exteriores, não haveria deveres jurídicos em vista destes e, por conseguinte, tampouco um comando para sair desse estado.

§ 45

Um Estado (*civitas*) é a união de um conjunto de homens sob leis jurídicas. Na medida em que estas, enquanto leis *a priori*, são necessárias (não estatutárias), isto é, resultam por si mesmas dos conceitos do direito externo em geral, sua forma é a de um Estado em geral, ou seja, o Estado *na ideia*, tal como deve ser segundo os princípios jurídicos puros; ideia que serve de norma (*norma*) a toda unificação efetiva em uma comunidade política (portanto internamente).

Cada Estado contém em si três *poderes*, isto é, a vontade universal unificada em uma tríplice pessoa (*trias politica*): o *poder soberano* (a soberania) na pessoa do legislador, o *poder executivo* na pessoa do governante (seguindo a lei) e o *poder judiciário* (adjudicando o seu de cada um segundo a lei) na pessoa do juiz (*potestas legislatoria, rectoria et iudiciaria*), como as três proposições de um silogismo da razão prática – a premissa maior, que contém a *lei* daquela vontade, a premissa menor, que contém o comando de proceder segundo a lei, isto é, o princípio de subsunção sob a maior, e a conclusão, que contém o *veredicto jurídico* (a sentença) daquilo que é de direito no caso em questão.

§ 46

O poder legislativo só pode pertencer à vontade unificada do povo. Visto, com efeito, que dele deve proceder todo direito, ele não deve por meio de sua lei *poder* fazer injustiça a ninguém. Ora, se alguém decreta algo contra um *outro*, é sempre possível que, com isso, cometa injustiça contra este, mas nunca naquilo que decide sobre si mesmo (pois *volenti non fit iniuria*). Somente a // vontade concordante e unificada de todos, portanto, na medida em que cada um decida a mesma coisa sobre todos e todos sobre cada um, isto é a vontade popular universalmente unificada, pode ser legisladora. 314

Os membros de uma tal sociedade (*societas civilis*), ou seja, de um Estado, unidos pela legislação, chamam-se *cidadãos* (*cives*), e os atributos jurídicos inseparáveis de sua essência (enquanto tal) são: a *liberdade* legal de não obedecer a nenhuma outra lei senão àquela a que deu seu consentimento; a *igualdade* civil que consiste em não reconhecer nenhum superior a si mesmo no *povo*, senão aquele que tenha tanta faculdade moral de obrigar juridicamente quanto ele de obrigá-lo; e, em terceiro lugar, o atributo da *independência* civil, que consiste em poder agradecer sua existência e conservação não ao arbítrio de um outro no povo, mas aos seus próprios direitos e forças enquanto membro da comunidade política – por conseguinte, a personalidade civil, que consiste em não se deixar representar por nenhum outro nos assuntos jurídicos.

A capacidade de votar constitui a única qualificação do cidadão, mas essa capacidade pressupõe a independência daquele que, no povo, não quer ser mera parte da comunidade política, mas também seu membro, isto é, quer por seu próprio arbítrio ser parte atuante da mesma em comunidade com outros. A última qualidade, porém, torna necessária a distinção entre cidadão ativo e passivo, ainda que o conceito do último pareça estar em contradição com a definição do conceito de um cidadão em geral. – Os seguintes exemplos podem servir para superar essa dificuldade: o rapaz empregado por um comerciante ou artesão; o servidor (não aquele que está a serviço do Estado); o menor de idade (*naturaliter vel civiliter*); todas as mulheres; e qualquer um, em geral, que não pode manter sua existência (seu sustento e proteção) por sua própria atividade, mas segundo as disposições de outrem (exceto as do Estado), carece de personalidade civil e sua existência é como que apenas inerente. – O lenhador que emprego em minha propriedade, o ferreiro na Índia, que vai pelas casas com seu martelo, sua bigorna e seu fole para trabalhar no ferro, em comparação com o carpinteiro ou o ferreiro europeus, que // podem colocar publicamente à venda os produtos de seu trabalho como mercadorias; o tutor em comparação com o professor de escola; o meeiro em comparação com o arrendatário etc. são meros serventes da comunidade política porque precisam ser comandados ou protegidos por outros indivíduos e, portanto, não possuem independência civil.

Essa dependência com relação à vontade de outrem e essa desigualdade não são de modo algum opostas à liberdade e à igualdade dos mesmos *como homens* que, juntos, constituem um povo: é antes em simples conformidade com as condições dos mesmos que esse povo pode tornar-se um Estado e ingressar em uma constituição civil. Nesta constituição, entretanto, nem todos se qualificam do mesmo modo para ter direito de voto, isto é ser cidadão, em vez de ser mero associado do Estado. Pois do fato de poderem exigir ser tratados por todos os outros como partes *passivas* do Estado, segundo as leis da liberdade natural e da igualdade, não se segue o direito de agir também como membros *ativos* que lidam com o próprio Estado, o organizam

ou colaboram na introdução de certas leis: segue-
-se apenas que, qualquer que seja o tipo de leis
positivas por eles votadas, elas não podem ser
contrárias às leis naturais da liberdade e da correspondente igualdade de todos no povo – segundo a qual, nomeadamente, eles podem lutar para
passar desse estado passivo para o ativo.

§ 47

Esses três poderes no Estado são dignidades
e, na medida em que surgidas necessariamente
da ideia de um Estado em geral, como essenciais
para a fundamentação do mesmo (constituição),
são *dignidades de Estado*. Elas compreendem a relação de um *soberano* universal (que, considerado segundo as leis da liberdade, não pode ser nenhum
outro senão o próprio povo unido) com o conjunto dos indivíduos como *súditos*, isto é, a relação do
que *comanda* (*imperans*) frente ao que *obedece* (*subditus*). – O ato pelo qual o povo mesmo se constitui num Estado – embora apenas, propriamente
falando, segundo a única ideia dele pela qual se
pode pensar sua legalidade – é o *contrato originário*, segundo o qual todos (*omnes et singuli*) no *povo*
renunciam à sua liberdade externa para readquiri-
-la imediatamente enquanto membros de uma comunidade política, ou seja, enquanto membros do
povo considerado como Estado (*universi*). E não
se pode dizer que // o homem no Estado tenha
sacrificado a um fim uma parte de sua liberdade externa inata, mas sim que teria abandonado
por completo a liberdade selvagem e sem lei para,
numa situação de dependência legal, isto é, num
estado jurídico, reencontrar intacta sua liberdade
em geral, pois essa dependência surge de sua própria vontade legisladora.

§ 48

Assim, os três poderes do Estado são, *em primeiro lugar*, coordenados entre si como pessoas morais (*potestates coordinatae*), isto é, uma pessoa é parte complementar das outras para a integridade (*complementum ad sufficientiam*) da constituição política; mas, *em segundo lugar*, também são *subordinados* (*subordinatae*) uns aos outros, de tal modo que um não pode, enquanto auxilia o outro, ao mesmo tempo lhe usurpar a função, mas tem antes de ater-se a seu próprio princípio, isto é, ele comanda, de fato, na qualidade de uma pessoa particular, mas o faz sob a condição da vontade de um superior; *em terceiro lugar*, pela união de ambos distribui-se a cada súdito seu direito.

Desses poderes, considerados em sua dignidade, diz-se que a vontade do *legislador* (*legislatoris*), com vistas àquilo que concerne ao meu e seu exteriores, é *irreprovável* (irrepreensível), a faculdade executiva do *detentor supremo do poder* (*summi rectoris*) é *incontestável* (irresistível) e o veredicto do *juiz supremo* (*supremi iudicis*) é *irrevogável* (inapelável).

§ 49

O *regente* do Estado (*rex, princeps*) é aquela pessoa (moral ou física) a que compete o poder executivo (*potestas executoria*): o *agente* do Estado, que nomeia os magistrados, prescreve ao povo as regras pelas quais cada qual pode nele adquirir algo ou legalmente conservar o que é seu (pela subsunção de um caso à lei). Considerado como pessoa moral, chama-se ele o *diretório*, o governo. As *ordens* que dá ao povo, aos magistrados e aos superiores destes (ministros), aos quais incumbe a *administração do Estado* (*gubernatio*), são disposições, *decretos* (não leis), pois se referem a decisões em casos particulares e são dadas como revogáveis. Um *governo* que fosse ao mesmo tempo legislador teria de ser denominado *despótico*, por oposição ao // *patriótico*, sob o qual, porém, não deve ser entendido um governo *paternalista* (*regimen paternale*), que é o mais despótico de todos (trata os cidadãos como crianças), mas um governo *pátrio* (*regimen civitatis et patriae*), onde o Estado mesmo (*civitas*) trata seus súditos, de fato, como membros de uma família, mas ao mesmo tempo como cidadãos, isto é, os trata segundo leis de sua própria independência, pela qual cada um possui a si mesmo e não depende da vontade absoluta de um outro, quer esteja este ao seu lado ou acima de si.

O senhor do povo (o legislador), portanto, não pode ser ao mesmo tempo o *regente*, pois este está subordinado à lei e por meio dela, portanto, ao *outro*, o soberano. Este pode ainda tomar do regente o seu poder, depô-lo ou reformar sua administração, mas não *castigá-lo* (e é apenas isto o que significa aquela expressão muito usada na Inglaterra: o rei, isto é, o poder executivo supremo, não pode agir injustamente), pois este seria de novo um ato do poder executivo, ao qual cabe, acima de tudo, a faculdade de *coagir* em conformidade com a lei, mas que assim estaria ele mesmo submetido a uma coerção – o que é contraditório.

Por fim, nem o soberano do Estado nem o governante podem *julgar*, mas somente investir juízes na função de magistrados. O povo julga a si mesmo através daqueles seus cidadãos que, mediante livre-escolha, são nomeados como seus representantes e, na verdade, para cada ato em particular. Pois o veredicto jurídico (a sentença) é um ato singular da justiça pública (*iusti-*

tiae distributivae) realizado por um administrador do Estado (juiz ou corte de justiça) em relação a um súdito, isto é, a alguém que pertence ao povo e que, portanto, não está investido do poder de atribuir-se o seu a si mesmo (distributivamente). Dado que cada um, no povo, é meramente passivo segundo essa relação (com a autoridade), qualquer daqueles dois poderes, ao decidir em caso de conflito sobre o seu de cada qual, poderia agir injustamente com o súdito, pois não seria o povo mesmo a fazê-lo ou a pronunciar-se sobre se seus concidadãos são *culpados* ou *inocentes*; para apurar este fato em uma disputa judicial, a corte de justiça dispõe do poder judiciário para aplicar a lei e, por meio do poder executivo, atribuir a cada a parte do que é seu. Somente o povo, portanto, por meio dos representantes que ele mesmo designou (o júri), pode, ainda que de modo apenas mediato, julgar um dos seus. – Também estaria abaixo da dignidade do chefe de Estado assumir o papel de juiz, // isto é, colocar-se a possibilidade de atuar injustamente, expondo-se assim à eventual apelação contra si (*a rege male informato ad regem melius informandum*).

São três poderes diferentes (*potestas legislatoria, executoria, iudiciaria*), portanto, pelos quais o Estado (*civitas*) tem sua autonomia, isto é, configura-se e mantém a si mesmo segundo leis da liberdade. – Em sua união reside a *saúde* do Estado (*salus reipublicae suprema lex est*), pela qual não se deve entender nem o *bem-estar* nem a *felicidade* dos cidadãos, pois esta talvez possa realizar-se de forma mais cômoda e desejável no estado de natureza (como também Rousseau afirma), ou ainda sob um governo despótico. Deve-se entender por ela um estado de máxima concordância entre a constituição e os princípios jurídicos, algo a que a razão nos obriga a aspirar *através* de um *imperativo categórico*.

Observação geral

*Sobre os efeitos jurídicos decorrentes da
natureza da união civil*

A

De um ponto de vista prático, a origem do poder supremo é *imperscrutável* para o povo que está submetido a ele, isto é, o súdito *não deve raciocinar* ativamente sobre essa origem, como sobre um direito duvidoso no que se refere à obediência que lhe deve (*ius controversum*). Pois, dado que o povo, para julgar com força de lei sobre o poder supremo do Estado (*summum imperium*), tem já de ser considerado unido sob uma vontade universalmente legisladora, então ele não pode nem deve julgar de nenhum outro modo que não aquele pretendido pelo atual chefe de Estado (*summus imperans*). – Se um contrato efetivo de subordinação a este (*pactum subiectionis civilis*) surgiu primeira e originariamente como um fato, ou se a violência foi anterior e a lei só veio depois, ou ainda se ela deveria ter aparecido nessa ordem, tudo isso são sofismas completamente sem importância para o povo que já está sob a lei civil, mas que ainda assim ameaçam perigosamente o Estado. Afinal, se um súdito que meditou sobre essa origem última quisesse resistir àquela autoridade atualmente dominante, // ele seria castigado, aniquilado ou expelido (como um proscrito, *exlex*) segundo as leis de tal autoridade, isto é, com todo o direito. – Uma lei tão sagrada (inviolável) que, *do ponto de vista prático*, seria já um crime o simples colocá-la em dúvida, portanto o suspender momentaneamente seu efeito, é representada como se não tivesse de proceder de homens, mas de algum legislador supremo e irrepreensível. E é este o significado da proposição "toda autoridade vem de Deus", que enuncia não um *fundamento histórico* da constituição civil, mas uma ideia como princípio prático da razão: deve-se obedecer ao poder legislativo atualmente vigente, seja qual for sua origem.

Daí se segue, pois, a proposição: frente ao súdito, o soberano no Estado tem somente direitos e nenhum dever (*coercitivo*). – Se, além disso, o órgão do soberano, o *regente*, também infringir as leis – se, por exemplo, em questões de impostos, recrutamentos etc. proceder contra a lei da igualdade na distribuição dos encargos públicos –, é lícito ao súdito opor queixas (*gravamina*) a essa injustiça, mas não resistência.

Mesmo a constituição não pode conter nenhum artigo que permita a um poder no Estado, em caso de violação das leis constitucionais pelo detentor supremo do poder, opor-lhe resistência e assim limitar sua atuação. Pois quem deve limitar o poder estatal tem de ter mais poder, ou ao menos o mesmo poder, do que aquele cuja atuação é limitada, e tem também de ser capaz, como senhor legítimo que ordena a seus súditos resistir, de *defendê*-los e julgá-los com força de lei em cada caso ocorrido, podendo portanto ordenar publicamente a resistência. Mas então o detentor supremo do poder não é aquele, e sim este – o que é contraditório. O soberano atua então, através de seu ministro, também como regente, portanto despoticamente, e a impostura de levar o povo a representar-se como detentor do poder restritivo por meio de seus deputados (quando na verdade só detém o legislativo), não pode ocultar o despotismo sob os meios de que se serve o ministro. O povo, que é representado por seus deputados (no parlamento), tem nestes defensores de sua liberdade e de seus direitos pessoas que são vivamente interessadas em si mesmas e em suas famílias, bem como, a depender do ministro, em sua participação no exército, na marinha ou nas profissões civis; pessoas que estão sempre dispostas a fazer o jogo do governo (em vez de // opor às pretensões do governo uma resistência cujas declarações públicas demandariam uma unanimidade já preparada no povo, a qual, contudo, não pode ser permitida em tempos de paz). – A assim chamada constituição política moderada, portanto, como constituição do direito interno do Estado, é um absurdo que, em vez de pertencer ao direito, é tão somente um princípio de prudência que, na medida do possível, serve não para impedir que um transgressor poderoso dos direitos do povo influencie arbitrariamente o governo, mas apenas para encobrir esta influência sob a aparência de uma oposição permitida ao povo.

Contra o soberano legislador do Estado não há, portanto, resistência legítima do povo, pois somente pela submissão à sua vontade universalmente legisladora é possível um estado jurídico. Desse modo, não há nenhum direito de *insurreição* (*seditio*), menos ainda de *rebelião* (*rebellio*), e muito menos, em relação a ele enquanto pessoa singular (monarca), de *atentar contra* sua pessoa e mesmo contra sua vida (*monarchomachismus sub specie tyrannicidii*) sob pretexto de abuso de seu poder (*tyrannis*). A mínima tentativa aqui é de *alta traição* (*proditio eminens*), e o traidor desse tipo pode ser, enquanto alguém que tenta assassinar a sua *pátria* (parricida), punido com nada menos do que a morte. – O fundamento do dever do povo de suportar um abuso do poder supremo, mesmo aquele tido como insuportável, encontra-se no seguinte: sua resistência à legislação suprema tem de ser pensada sempre como contrária à lei, e mesmo como aniquiladora da constituição legal inteira. Pois para estar autorizado a isso precisaria existir uma lei pública que permitisse essa resistência do povo, isto é, seria preciso que a legislação suprema contivesse em si uma determinação de não ser a suprema e de fazer, em um e mesmo juízo, do povo enquanto súdito o soberano do soberano ao qual está submetido; o que é contraditório e salta imediatamente aos olhos através da questão: Quem deveria ser o juiz nesse conflito entre o povo e o soberano (já que, do ponto de vista jurídico, trata-se sempre de duas pessoas morais diferentes)? Por aí se vê, então, que o primeiro quer ser juiz em causa própria[9].

321   // Uma mudança na constituição política (defeituosa), que às vezes pode ser necessária só pode, pois, ser introduzida pelo soberano por
322   meio de // *reforma*, e não pelo povo por meio de *revolução*, e, se esta ocorre, só pode atingir o *poder executivo*, não o legislativo. – Em uma constituição política elaborada de tal modo que o povo possa, por meio de seus representantes (no parlamento), *resistir* legalmente ao poder executivo e ao seu representante (ao ministro) – à qual se chama, então, uma constituição limitada –, não é permitida nenhuma resistência ativa (do povo arbitrariamente unido para coagir o governo a uma certa ação), em que o povo praticasse por si mesmo um ato do poder executivo, mas apenas uma resistência *negativa*, isto é, a *recusa* do povo (no parlamento) que consiste em nem sempre ceder às exigências

que o governo tem como necessárias para a administração do Estado. Se o último ocorresse, seria antes um sinal seguro de que o povo se corrompe, de que seus representantes são corruptos e de que o soberano do governo atua despoticamente através de seu ministro, sendo este mesmo um traidor do povo.

De resto, se uma revolução triunfou e foi fundada uma nova // constituição, então a ilegitimidade do começo e da realização da mesma não pode dispensar os súditos da obrigação de se submeterem, como bons cidadãos, à nova ordem das coisas e eles não podem se recusar a obedecer lealmente à autoridade que tem agora o poder. O monarca destronado (que sobrevive a essa revolução) não pode ser questionado em juízo quanto à sua gestão anterior e muito menos ser punido se, retornando à condição de cidadão, prefere sua tranquilidade e a do Estado ao risco de afastar-se deste para empreender, como pretendente, a aventura da reconquista do mesmo, seja por meio de uma contrarrevolução incitada secretamente, seja pela ajuda de outras potências. Mas, se ele prefere esta última, visto que a rebelião que o retirou de sua posse era injusta, o seu direito à mesma permanece intacto. Pertence, porém, ao direito das gentes a questão de saber se outras potências têm o direito de unir-se em uma aliança entre estados em favor desse soberano infortunado, unicamente com o fim de não deixar impune aquele crime cometido pelo povo e impedir que subsista como escândalo para todos os estados e, por conseguinte, de saber se estão autorizadas e convocadas a reconduzir com violência à sua antiga forma uma constituição que em qualquer outro Estado tenha sido estabelecida *pela revolução*.

B

O senhor pode ser considerado proprietário supremo (do solo) ou tem de ser considerado, em relação ao povo, apenas como detentor supremo do poder por meio de leis? Visto que o solo é a condição suprema, a única sob a qual é possível ter coisas exteriores como suas cuja possível posse e cujo uso constitui o primeiro direito que se pode adquirir, então todo direito desse tipo terá de ser derivado do soberano como senhor das terras, ou melhor, como proprietário supremo (*dominus territorii*). O povo, como multidão de súditos, também lhe pertence (é seu povo), mas não como proprietário (segundo o direito real), e sim como detentor supremo do poder (segundo o direito pessoal). – Porém, essa propriedade suprema é somente uma ideia da união civil para tornar representável, segundo conceitos jurídicos, a unificação necessária da propriedade privada de todos no povo sob um possuidor universal público, para a determinação da propriedade particular não segundo princípios de *agregação* (que progride empiricamente das partes ao todo), e sim conforme o princípio formal necessário da *divisão* // (divisão do solo). Segundo esses conceitos jurídicos, o proprietário supremo não pode ter nenhuma propriedade privada sobre solo algum (porque senão se tornaria pessoa privada), mas antes esta forma de propriedade pertence somente ao povo (e tomada certamente não de maneira coletiva, mas distributiva); disso se deve excetuar, todavia, um povo nômade, na medida em que neste não se encontra propriedade privada do solo. – Portanto, o detentor supremo do poder não pode ter *domínios*, quer dizer, terras para seu uso privado (para manutenção da corte). Já que nesse caso dependeria de seu bel-prazer decidir até onde eles deveriam se estender, o Estado correria o perigo, com efeito, de ver toda a propriedade do solo nas mãos do governo e de considerar todos os súditos como *servos da gleba* (*glebae adscripti*) e possuidores daquilo que sempre é propriedade somente de um outro, portanto como privados de toda liberdade (*servi*). – De um senhor das terras pode-se dizer: *ele nada possui* (de próprio) além de si mesmo. Pois se no Estado ele tivesse algo de próprio, ao lado de um outro, então seria possível estar em um conflito com este e não haveria nenhum juiz para arbitrá-lo. Mas se pode também dizer que *ele possui tudo*, porque ele tem o direito de comando sobre o povo (o de atribuir a cada um o seu), ao qual pertencem todas as coisas exteriores (*divisim*).

Daqui resulta que não pode haver nenhuma corporação no Estado, tampouco estamento ou ordem que, na condição de proprietário, possa transmitir o solo às gerações seguintes (até ao infinito) para seu uso exclusivo, segundo certos estatutos. O Estado pode revogá-los, a qualquer momento, somente sob a condição de indenizar os sobreviventes. A *ordem de cavalaria* (como corporação ou também como mera categoria de pessoas individuais especialmente honradas) e a ordem *clerical*, chamada Igreja, não podem nunca, por meio desses privilégios com que foram favorecidas, adquirir uma propriedade do solo transferível aos sucessores, mas apenas o uso provisório da mesma. As comendas, por um lado, e os bens da Igreja, por outro, podem ser revogados sem ponderação (mas sob a condição antes mencionada) se cessou de existir a opinião pública favorável aos meios de proteger o Estado, através das honrarias de guerra, contra a indolência ou em sua defesa, ou de, nesse mesmo Estado, incitar os homens mediante missas de defuntos, orações e um grande número de padres para preservá-los do fogo eterno. Aqueles que são afetados pela reforma não podem queixar-se de que lhes // seja tomada a propriedade, pois o fundamento de sua posse até então residia apenas na *opinião do povo* e precisava valer enquanto esta perdurasse. Assim que esta se extingue, porém, e precisamente no juízo daqueles que, por seu mérito, possuem a mais forte pretensão a conduzi-lo, teria de cessar então, como que por uma apelação do povo ao Estado (*a rege male informato ad regem melius informandum*), a suposta propriedade.

Nessa propriedade fundamental originariamente adquirida se baseia o direito do detentor supremo do poder, como proprietário supremo (do senhor das terras), de *exigir contribuições* dos proprietários privados do solo, isto é, cobrar impostos, taxas territoriais, sisas e tributos alfandegários, ou a prestação de serviços (tal como o recrutamento de tropas para o serviço militar). Desse modo, o povo impõe contribuições a si mesmo, pois este é o único modo de proceder nesse ponto segundo leis jurídicas – desde que isso ocorra por meio do corpo de seus deputados, sendo essa imposição também permitida, como empréstimo forçoso (que se afasta da lei vigente até o momento), segundo o direito majestático – como no caso em que o Estado se encontra em perigo de dissolução.

Nisso se baseia também o direito da administração pública, das finanças e da polícia, a última das quais se ocupa da *segurança pública*, da *tranquilidade* e do *decoro* (pois, se o sentimento do decoro (*sensus decori*), como um gosto negativo, não for embotado através da mendicância, do barulho na rua, do mau cheiro, da voluptuosidade pública (*venus volgivaga*), enquanto ofensas ao sentido moral, facilita-se muito a tarefa do governo de conduzir o povo através de leis).

À conservação do Estado cabe ainda um terceiro direito, a saber, o direito de *inspeção* (*ius inspectionis*), o direito de que nenhuma associação que possa ter influência sobre o bem-estar *público* da sociedade (*publicum*) (associações de iluminados políticos ou religiosos) permaneça oculta, mas que, pelo contrário, não se negue a expor sua constituição quando a polícia o exige. Entretanto, a busca no domicílio privado de alguém é apenas um caso de necessidade da polícia, para o qual, em cada caso particular, tem ela de ser autorizada por uma instância superior.

C

Cabe *indiretamente* ao detentor supremo do poder, quer dizer, enquanto responsável pelo dever do povo, o direito de onerar a este com impostos para sua (do povo) // própria conservação. Tal é o caso dos impostos para a assistência aos pobres, para os orfanatos e para a *Igreja*, chamadas, aliás, de instituições de caridade ou piedosas.

A vontade geral do povo se uniu, pois, em uma sociedade que deve ser permanentemente conservada e submetida ao poder público interno a fim de conservar os membros desta sociedade que não são capazes fazê-lo por si mesmos. Em nome do Estado, portanto, o governo está autorizado a obrigar os ricos a fornecer os meios de subsistência aos que não são capazes disso, mesmo no que se refere às necessidades naturais mais básicas. Pois a existência dos ricos é, ao mesmo tempo, um ato de submissão à proteção e à provisão da comunidade, em relação à qual eles contraíram uma obrigação, e é sobre isso que o Estado funda seu direito de obrigá-los à manutenção dos concidadãos. Isso pode ocorrer onerando-se a propriedade ou o comércio dos cidadãos, ou através de fundos estabelecidos e de seus juros – não em função das necessidades do Estado (pois ele é rico), mas das do povo. Não apenas, contudo, através de contribuições *voluntárias* (porque aqui se trata do *direito* do Estado em relação ao povo), dentre as quais algumas são *interesseiras* (como as loterias, que produzem mais pobres e trazem mais perigos à propriedade pública do que se não existissem, e que, portanto, não deveriam ser permitidas), mas sim por meio de contribuições obrigatórias, como impostos públicos. Ora, a questão aqui é se o sustento dos pobres manter-se-á por *contribuições correntes*, de modo que cada época alimente os seus, ou através de *reservas* acumuladas paulatinamente e sobretudo por instituições *piedosas* (tais como são as casas para viúvas, os hospitais e outras semelhantes), sendo que o primeiro, certamente, deve ser realizado não por meio da mendicância, que se aproxima do roubo, mas por meio de impostos legais. – A primeira disposição tem de ser considerada como a única adequada ao direito do Estado e ninguém que tenha com o que viver pode subtrair-se a ela: porque as contribuições ordinárias, quando crescem com o número de pobres, não tornam a pobreza um meio de vida para os indolentes (como se receia das instituições piedosas) e, desse modo, não são um encargo *injusto* para o povo, imposto pelo governo.

No que diz respeito à conservação das crianças enjeitadas por necessidade ou por vingança, ou inclusive mortas por tais razões, o Estado tem o direito de impor ao povo o dever de não deixar perecer propositadamente esse aumento indesejado do poder estatal. Se isso pode ocorrer através da tributação dos solteiros de ambos os sexos (entenda-se // os solteiros *ricos*) enquanto tais, os quais são em parte responsáveis por isso, ou por meio da instituição de orfanatos, ou de algum outro modo legal (um outro meio de evitar isso, mas que dificilmente existe), é uma tarefa cuja solução não foi encontrada, até agora, sem atentar-se contra o direito ou a moralidade.

Dado que a *Igreja* (enquanto instituição do culto público para o povo, a cuja opinião ou convicção deve sua origem) tem de ser distinguida cuidadosamente da religião, enquanto disposição interna que se situa totalmente fora da esfera de ação do poder civil, tornou-se uma verdadeira necessidade, para o Estado, considerar-se como súdito de um poder supremo e *invisível*, ao qual há de prestar homenagem e que pode entrar frequentemente em um conflito muito desigual com o poder civil. Sendo assim, o Estado tem o direito não de adaptar a Igreja à legislação constitucional interna, segundo um sentido que lhe pareça vantajoso, não de prescrever ou decretar ao povo a fé ou as formas de culto (*ritus*) (pois isso tem que se deixar inteiramente aos mestres ou chefes escolhidos por ele mesmo), mas somente o direito *negativo* de impedir que os mestres públicos influam sobre a comunidade política *visível*, o que pode ser prejudicial para a tranquilidade pública; portanto, o direito de impedir que a concórdia civil corra perigo com o conflito interno ou entre as distintas igrejas – o qual é, pois, um direito de polícia. Que uma igreja deva ter uma determinada fé, qual deva ser esta, que ela deva conservar-se inalterada e que não deva reformar-se a si mesma, tudo isso são intromissões do poder público que estão abaixo de sua dignidade: porque com isso ele se põe, como em uma disputa escolástica, em pé de igualdade com seus súditos, que podem lhe dizer que ele não entende nada disso, sobretudo no que diz respeito ao último, a saber, à proibição de reformas internas; pois aquilo que o povo inteiro não pode decidir sobre si mesmo também o legislador não pode decidir pelo povo. Ora, nenhum povo pode decidir não continuar a progredir em seu discernimento (do esclarecimento) referente à fé, portanto nunca pode decidir não se reformar no que diz respeito à Igreja, porque isso seria contrário à humanidade em sua própria pessoa, por conseguinte ao direito supremo da mesma. Portanto, nenhum // poder público pode decidir isso pelo povo. – Porém, no que diz respeito aos custos de manutenção da Igreja, por essa mesma razão, não podem eles recair sobre o Estado, mas sim sobre a parte do povo que professa uma ou outra fé, isto é, apenas sobre a comunidade.

D

O direito do supremo detentor do poder no Estado abrange: 1) a distribuição dos *cargos* enquanto função ligada a um salário; 2) a distribuição das *dignidades* que, enquanto promoções sem pagamento, isto é, atribuições de posição aos superiores (os que hão de mandar) com relação aos inferiores (os quais, ainda que sejam livres e só estejam obrigados pela lei pública, estão destinados de antemão a obedecer), são fundadas meramente na honra; e, além desse direito (em parte beneficente), abrange também o 3) *direito de punir*.

No que concerne a um cargo civil, põe-se a questão: Tem o soberano o direito, segundo seus próprios critérios, de tomar novamente o cargo de alguém a quem o tenha dado (sem qualquer delito da parte deste último)? Eu digo: não! Pois o que a vontade unificada do povo não decidirá nunca sobre seus funcionários civis, isso também não pode o chefe de Estado decidir sobre eles. Ora, o povo (que arca com os custos que a preparação de um funcionário acarreta) quer sem qualquer dúvida que este se encontre totalmente à altura da ocupação que lhe foi confiada, o que, entretanto, não pode ocorrer de nenhum outro modo senão através da sua preparação e aprendizagem contínuas ao longo de um tempo suficiente, durante o qual ele perde aquilo que teria podido empregar para a aprendizagem de qualquer outra ocupação que lhe sustente. Se não fosse assim, desempenhariam o cargo, em regra, pessoas que não teriam adquirido nem a habilidade exigida para isso nem o juízo maduro obtido por meio de exercício, o que é contrário ao propósito do Estado, para o qual é exigido que todos possam ascender do cargo inferior aos superiores (que, de outro modo, cairiam em mãos de inaptos), por conseguinte que todos possam contar também com um sustento vitalício.

A *dignidade* que não procede de um cargo, mas também transforma o possuidor ainda sem funções particulares em membro de um estamento superior, é a *nobreza*, que se distingue do estamento civil em que está o povo. // Ela é herdada pelo descendente masculino e através deste passa também às mulheres de nascimento plebeu, enquanto que a mulher que nasce nobre não comunica, inversamente, esta posição a seu marido plebeu, mas cai ela mesma na simples posição civil (do povo). – A questão é, pois, se o soberano está autorizado a instituir uma nobreza como um estamento *hereditário* intermediário entre si e o restante dos cidadãos. Nesta questão, não se trata de verificar se isso é conforme à prudência do soberano, em função de sua vantagem ou daquela do povo, mas apenas se é conforme ao direito do povo haver sobre ele um estamento de pessoas que de fato são elas mesmas súditos, mas que em relação ao povo são chefes (ao menos privilegiados) *natos*. – A resposta a essa questão parte aqui, como antes, do princípio: "O que o povo (o conjunto completo dos súditos) não pode decidir sobre si mesmo e seus conterrâneos, isso também o soberano não pode decidir sobre o povo". Ora, uma nobreza *herdada* é uma posição hierárquica que antecede o mérito e não oferece nenhuma esperança de atingi-la: um produto do pensamento sem qualquer realidade. Pois se o antepassado tinha mérito não poderia transmiti-lo a seus descendentes, mas estes teriam sempre de adquiri-lo por si mesmos, visto que a natureza não dispõe que também sejam *herdados* o talento e a vontade que possibilitam prestar serviços ao Estado. Dado não se poder supor de nenhum homem que ele queira renunciar à sua liberdade, então é impossível que a vontade universal do povo concorde com tal infundada prerrogativa, e o soberano, portanto, também não pode atribuir-lhe validade. – Ainda que uma tal anomalia se tenha introduzido no mecanismo do governo em épocas passadas (no sistema feudal, que se organizava em vista da guerra), permitindo que alguns súditos fossem mais que cidadãos, a saber, funcionários natos (como um professor por herança), o Estado não pode corrigir este seu erro, de um privilégio hereditário outorgado ilegalmente, a não ser por meio de uma extinção gradativa que decorra do não preenchimento dos cargos. Ele tem, portanto, o direito provisório de permitir a continuação dessa dignidade segundo o título, até que a divisão entre soberano, nobreza e povo seja substituída na opinião pública pela divisão entre soberano e povo, a única natural.

Não pode haver no Estado nenhum homem sem qualquer dignidade, pois ao menos a de cidadão ele tem; a não ser que por meio de seu próprio // *crime* ele se torne, embora mantido vivo, um mero instrumento do arbítrio de um outro (do Estado ou de outro cidadão). Quem está nesta última situação (o que só pode ocorrer por meio de um julgamento e do direito), é um *escravo* (*servus in sensu stricto*) e pertence à *propriedade* (*dominium*) de um outro que, por isso, é não apenas seu senhor (*herus*), mas também seu *proprietário* (*dominus*), podendo aliená-lo como uma coisa, usá-lo conforme lhe aprouver (ainda que não para fins vergonhosos) e *utilizar-se* (dispor) *de suas forças*, não incluídos sua vida e os membros de seu corpo. Ninguém pode obrigar-se por meio de contrato a uma tal dependência, pela qual deixa de ser pessoa, pois apenas como pessoa pode firmar um contrato. Parece, de fato, que um homem pode comprometer-se com outro (em troca de salário, alimentação ou abrigo), mediante um contrato de locação (*locatio conductio*), a prestar-lhe certos serviços, permitidos quanto à qualidade, mas *indeterminados* quanto à intensidade, e tornar-se, assim, um mero súdito (*subiectus*), não um escravo (*servus*). Mas isso é apenas uma falsa aparência. Pois, se o senhor é autorizado a utilizar as forças do súdito conforme lhe aprouver, então ele também poderia (como no caso dos negros nas ilhas de açúcar) esgotá-las até a morte ou o desespero, como se aquele se lhe tivesse entregado como propriedade, o que é impossível. – Esse alguém só pode, portanto, comprometer-se a trabalhos determinados quanto à qualidade e à intensidade: ou como trabalhador por dia, ou como

330

serviçal residente, neste último caso podendo trabalhar o solo de seu senhor em troca do uso do mesmo em vez de um salário, ou então pagar um valor fixado para a sua exploração pessoal do solo (um censo) – arrendamento ou enfiteuse –, sem por isso tornar-se um *servo da gleba* (*glebae adscriptus*), o que lhe faria perder a personalidade. Ele pode até tornar-se, por seu próprio crime, um súdito *pessoal*, mas não poderia herdar tal submissão, já que tem de tê-la contraído por sua própria culpa. Menos ainda pode alguém reclamar o filho de um servo devido aos gastos com a sua educação, pois a educação é um dever natural absoluto dos pais e, em caso de estes serem servos, dos seus senhores, que, com a posse dos súditos, assumiram também os seus deveres.

331

// E
O direito penal e o direito de indulto

I

O *direito penal* é o direito do soberano, frente àquele que lhe é subordinado, de impor-lhe um sofrimento por seu crime. O chefe supremo do Estado, portanto, não pode ser punido; pode-se apenas lhe tirar o poder. – A transgressão da lei pública que incapacita quem a comete para ser cidadão chama-se simplesmente *crime* (*crimen*), ou então crime público (*crimen publicum*), o primeiro (o crime privado) sendo submetido à justiça civil, o outro à justiça criminal. – A *apropriação indébita*, isto é, a subtração de dinheiro ou mercadorias destinados ao comércio, a fraude na compra e venda praticada na presença da outra parte, são delitos privados. São delitos públicos, ao contrário: fabricar dinheiro falso, forjar letras de câmbio, o furto e o roubo etc. – pois nesses casos não é simplesmente uma pessoa individual, mas a comunidade que se vê em perigo. – Eles podem ser divididos em delitos da índole abjeta (*indolis abiectae*) e da índole violenta (*indolis violentae*).

A *pena judicial* (*poena forensis*), que se diferencia da *natural* (*poena naturalis*) porque nesta última o vício castiga a si mesmo e o legislador de modo algum a leva em consideração, nunca pode servir meramente como meio para fomentar outro bem, seja para o próprio *delinquente*, seja para a sociedade civil, mas sim tem de ser infligida contra ele apenas *porque ele cometeu o crime*. Pois o homem nunca pode ser manipulado como mero meio para os propósitos de um outro, nem ser contado entre os objetos do direito real, sendo protegido contra isso por sua personalidade inata mesmo quando possa ser condenado a perder a civil. Antes que se pense em extrair algum proveito dessa pena, para ele mesmo ou para seus concidadãos, ele tem de ser considerado *punível*. A lei penal é um imperativo categórico, e ai daquele que se arrasta pelos caminhos sinuosos da doutrina da felicidade em busca de algo que, pela vantagem prometida, o eximisse da pena ou de uma parte dela, conforme o ditado fariseu: "é preferível que // *um* homem morra a que pereça todo o povo". Pois, se perece a justiça, então não tem mais qualquer valor que os homens vivam sobre a Terra. – Como posicionar-se, então, frente à proposta de conservar a vida de um criminoso condenado à morte caso ele, em troca disso, aceite submeter-se a experimentos perigosos, podendo correr tudo bem para ele e para os médicos, que assim obteriam um saber novo e útil à comunidade? Uma corte de justiça rechaçaria com desdém a equipe médica que fizesse essa proposta, porque a justiça deixa de ser justiça quando se entrega por um preço qualquer.

Mas qual o tipo e o grau de pena que a justiça pública adota como princípio e padrão? Nenhum outro senão o princípio de igualdade (na posição de fiel da balança da justiça), de modo a não pender mais para um lado do que para o outro. O mal imerecido que você causa a um outro do povo, portanto, é um mal que você faz a si mesmo. Se você o insulta, então insulta a si mesmo; se você o rouba, então rouba a si mesmo; se você o agride, então agride a si mesmo; se você o mata, então mata a si mesmo. Somente o direito de retaliação (*ius talionis*) pode oferecer com segurança – nos limites do tribunal, é evidente (não em seu juízo privado) – a qualidade e quantidade da punição; todos os outros critérios oscilando de um lado a outro e não podendo, devido a outras considerações imiscuídas, adequar-se ao veredicto da pura e estrita justiça. – Parece, de fato, que a diferença entre as posições sociais não permite aplicar o princípio da retaliação de pagar algo com a mesma moeda. Ainda que isso não seja possível literalmente, no entanto, ele pode permanecer sempre válido, no que concerne ao efeito, relativamente ao modo de sentir dos mais privilegiados. – Assim, por exemplo, a multa decorrente de uma injúria verbal não guarda relação alguma com a ofensa, visto que quem tem muito dinheiro pode permitir-se isso por prazer vez por outra. Mas a ferida no amor à honra de um pode tornar-se quase igual ao dano sobre o orgulho do outro se este, por exemplo, fosse obrigado, por sentença e por direito, não só a retratar-se publicamente, mas também a beijar a mão daquele primeiro, sobretudo se lhe é socialmente inferior. O mesmo vale para o violento aristocrata que, por ter agredido um cidadão inferior, mas inocente, fosse condenado não somente à retratação, mas também a uma detenção solitária e penosa, pois // assim, além do desconforto, também a sua vaidade seria dolorosamente atingida e a ofensa, desse modo, seria devidamente paga com a mesma moeda, no caso a vergonha. – Mas o que significa, então, dizer que "se você rouba, então rouba a si mesmo"? Quem rouba torna insegura a propriedade de todos os demais; ele se rouba, portanto (segundo o direito de retaliação), a segurança de toda propriedade possível. Ele nada tem e nada pode adquirir, mas quer todavia viver – o que não é possível de outra forma, contudo, senão se outros o sustentem. Como isso, porém, não será feito gratuitamente pelo Estado, ele tem de ceder suas forças a este para o trabalho que for (trabalhos forçados ou em casas de correção) e, com isso, entra em estado de escravidão, temporário ou, conforme as circunstâncias, também para sempre. – Caso, contudo, tenha assassinado alguém, então ele tem de *morrer*. Aqui não há nenhum sucedâneo capaz de satisfazer a justiça. Não há *igualdade* possível entre uma vida, penosa que seja, e a morte, portanto nenhuma igualdade entre o crime e a retaliação a não ser a morte do culpado, judicialmente executada e livre de qualquer mau-trato que pudesse fazer da humanidade, na pessoa do executado, algo monstruoso. – Mesmo que a sociedade civil se dissolvesse com o consentimento de todos os seus membros (se, por exemplo, o povo que vive em uma ilha decidisse desagregar-se e espalhar-se pelo mundo), o último assassino no cárcere teria de ser antes executado, de modo que cada um recebesse o que merecem seus atos e a culpa sangrenta não recaísse sobre o povo, que não fez por merecer essa punição, mas poderia ser considerado cúmplice nessa violação pública da justiça.

Essa igualdade das penas, que só é possível por meio da condenação à morte pelo juiz segundo o estrito direito de retaliação, revela-se no fato de que apenas desse modo a sentença de morte se pronuncia sobre todos os criminosos de forma proporcional à sua *maldade interna* (mesmo que não se tratasse de um homicídio, mas de outro crime político que somente com a morte se pode anular). – Suponhamos que, como na última rebelião escocesa, em que muitos dos que participavam do levante (como Balmerino e outros) acreditavam estar apenas cumprindo um dever para com a casa dos Stuarts – ao contrário dos que tinham meros propósitos privados –, o supremo tribunal tivesse pronunciado a seguinte sentença: cada um tem a liberdade de escolher entre a morte e os trabalhos forçados. Então eu digo: o homem honesto escolhe a morte, // o patife escolhe o trabalho forçado – tal é a natureza da alma humana. Pois o primeiro conhece algo a que dá mais valor do que à própria vida, a saber, a *honra*; o outro, porém, ainda prefere viver uma vida coberta de vergonha a não existir (*animam praeferre pudori*, Juvenal). O primeiro, portanto, é indiscutivelmente menos punível do que o outro, e assim, por meio da morte que lhes é infligida de modo semelhante, eles são todavia punidos proporcionalmente aos seus respectivos modos de sentir: o primeiro de modo suave, o outro de maneira dolorosa. Se, ao contrário, ambos fossem condenados a trabalhos forçados, isto seria uma pena muito dura para o primeiro e, devido à sua baixeza, muito suave para o último. Também aqui, portanto, em que a sentença deve julgar um grupo de criminosos unidos em complô, a melhor compensação perante a justiça pública é a *morte*. – Quanto a isso, jamais se ouviu que um condenado à morte por assassinato se tivesse queixado de que com isso lhe estaria ocorrendo algo excessivo e, portanto, injusto: todos ririam da sua cara se ele assim se expressasse. – Do contrário, ter-se-ia de admitir que, embora ao criminoso nada de injusto aconteça aí segundo a lei, o poder legislativo do Estado não está autorizado a aplicar esse tipo de pena, caindo em contradição consigo mesmo no caso de o fazer.

Tantos quantos sejam, pois, os assassinos que cometeram, ordenaram ou ajudaram a praticar um assassinato, tantos são os que têm de sofrer a morte: assim o quer a justiça, enquanto ideia do poder judiciário segundo leis universais fundadas *a priori*. – Se o número de cúmplices (*correi*) envolvidos nesse feito, porém, é tão grande que o Estado, para não abrigar tais criminosos, pudesse chegar em breve a não ter mais nenhum súdito, e se no entanto ele não quer dissolver-se, isto é, passar ao muito mais cruel estado de natureza, que carece de toda justiça exterior (não quer sobretudo embotar o sentimento do povo com o espetáculo de um matadouro), então o soberano tem de ter também em seu poder, neste caso de necessidade (*casus necessitatis*), a possibilidade de tornar-se ele mesmo o juiz (representá-lo) e proferir uma sentença que imponha aos criminosos uma outra pena que não a morte, uma tal que conserve o conjunto do povo – algo como, por exemplo, a deportação. Isso não seria feito, contudo, por meio de uma lei pública, mas através de um decreto, isto é, um ato do direito majestático, que, como indulto, pode ser exercido apenas em casos isolados.

De maneira contrária, o Marquês Beccaria, partidário do // sentimentalismo de uma humanidade afetada (*compassibilitas*), defendeu que toda pena de morte é contrária ao direito porque não poderia estar contida no contrato civil originário; pois neste caso cada um no povo consentiria em perder sua vida caso matasse um outro (no povo), mas esse consentimento é impossível, porque ninguém pode dispor de sua vida. Tudo isso é sofisma e deturpação do direito.

Ninguém sofre uma pena porque *o* quis, mas porque desejou uma *ação punível*; pois não há pena quando acontece a alguém o que ele quer, e é impossível *querer* ser punido. – Dizer "eu quero ser punido se assassino alguém" significa apenas que eu me submeto, junto com todos os outros, às leis que naturalmente serão também leis penais se houver criminosos no povo. Eu, enquanto co-legislador que decreta a *lei penal*, não posso ser a mesma pessoa que, enquanto súdito, é punida segundo a lei; pois enquanto tal, a saber, como criminoso, não posso ter um voto na legislação (o legislador é santo). Portanto, quando formulo uma lei penal contra mim enquanto criminoso, é a razão pura jurídico-legisladora em mim (*homo noumenon*) que me submete à lei penal, enquanto uma das pessoas capazes de cometer crimes, portanto enquanto uma pessoa (*homo phaenomenon*) em conjunto com todas as outras, em uma associação civil. Em outras palavras: não é o povo (cada indivíduo do mesmo) quem dita a condenação à morte, mas o tribunal (a justiça pública), portanto um outro distinto do criminoso. E no contrato social não está realmente contida a promessa de deixar-se punir, dispondo assim de si mesmo e da própria vida. Pois, se à competência para punir tivesse de estar subjacente uma *promessa* do delinquente de *querer* deixar-se castigar, também se teria de confiar a este o considerar-se passível de pena, e o criminoso seria seu próprio juiz. – O ponto principal no erro (πρωτον ψευδος) deste sofisma consiste no seguinte: o próprio juízo do criminoso de ter de perder a vida (que tem de se atribuir necessariamente à sua *razão*) é considerado como uma decisão da *vontade* de tirar a vida de si mesma, e assim a execução e o julgamento jurídicos são representados como unidos numa mesma pessoa.

No entanto, há dois crimes dignos de morte em relação aos quais permanece ainda duvidoso se a *legislação* tem competência para infligir-lhes a pena de morte //. A ambos conduz o sentimento de honra. Um é o sentimento de *honra do sexo*, o outro o de *honra militar*, e certamente se trata da verdadeira honra que, como dever, cabe a cada uma destas duas classes de homens. O primeiro crime é o *infanticídio* materno (*infanticidium maternale*); o outro, o *assassinato de um companheiro de guerra* (*commilitonicidium*), o *duelo*. – Porque a legislação não pode remover a vergonha de um nascimento bastardo e pode ainda menos apagar a mancha que, pela suspeita de covardia, recai sobre um chefe militar subalterno que não opõe a uma afronta recebida um poder próprio elevado acima do temor à morte: assim, parece que os homens nestes casos se encontram no estado de natureza e que o *homicídio* (*homicidium*), que então nem sequer teria de se chamar *assassinato* (*homicidium dolosum*), embora sem dúvida punível em ambos os casos, não poderia ser punido com a morte pelo poder supremo. A criança vinda ao mundo fora do casamento nasceu fora da lei (isto é, do casamento), portanto fora também da proteção da mesma. Ela foi introduzida na comunidade política como que furtivamente (como mercadoria proibida), de tal forma que esta pode ignorar sua existência (pois que legalmente ela não deveria existir desse modo), consequentemente também sua eliminação, e nenhum decreto pode eliminar a vergonha da mãe quando seu parto fora do casamento se torna conhecido. – O militar subordinado a um comandante e ao qual é feito um insulto vê-se obrigado pela opinião pública dos companheiros de armas a satisfazer-se a si mesmo e, como no estado de natureza, punir o ofensor não por meio da lei, diante de uma corte de justiça, mas por meio do *duelo*, em que ele mesmo arrisca a vida para provar sua coragem militar, sobre a qual se baseia essencialmente a honra de sua posição; mesmo que ao duelo se vincule também o *homicídio* do adversário, que nesta luta ocorre publicamente e com o consentimento de ambas as partes (ainda que de má vontade) e que não pode ser propriamente denominado *assassinato* (*homicidium dolosum*). – O que é, pois, de direito em ambos os casos (pertencentes à justiça criminal)? – Neste ponto a justiça penal se encontra em um grave aperto: ou declarar nulo por lei o conceito de honra (que aqui não é nenhuma ilusão), e então castigar com a morte, ou então privar o crime da adequada pena de morte; portanto, ou ser cruel ou ser indulgente. A solução desse nó é a seguinte: o imperativo categórico da justiça penal permanece (o homicídio ilegal // de um outro tem de ser punido com a morte), porém a legislação mesma (portanto também a constituição civil), enquanto permanecer ainda bárbara e incompleta, é responsável por não coincidirem os móbiles da honra no povo (subjetivamente) com as providências que (objetivamente) são adequadas a seu propósito, de tal modo que a justiça pública procedente do Estado torna-se uma *injustiça* em vista daquela procedente do povo.

II

O *direito de indulto* (*ius aggratiandi*) para o criminoso, seja pela atenuação, seja pelo perdão total da pena, é certamente o mais ambíguo entre todos os direitos do soberano, o qual, ao exercê-lo, pode provar a magnificência de sua grandeza, mas, através disso, cometer também injustiças em alto grau. – No que diz respeito aos crimes dos *súditos* entre si, simplesmente não lhe cabe exercer tal direito, pois aqui a impunidade (*impunitas criminis*) é a suma injustiça contra eles. Apenas no caso de uma lesão que a ele mesmo atinge (*crimen laesae maiestatis*), portanto, pode ele fazer uso desse direito. Mas tampouco pode fazê-lo se essa impunidade vier a aumentar o perigo para a segurança do próprio povo. – Esse direito é o único que merece o nome de direito de majestade.

Da relação jurídica do cidadão com sua pátria e com o estrangeiro

§ 50

O *território* (*territorium*) cujos habitantes, em virtude da própria constituição, quer dizer, sem precisar realizar um ato jurídico particular (portanto, por nascimento), são concidadãos de uma mesma comunidade política, chama-se *pátria*. O território no qual eles se encontram sem essa condição chama-se *estrangeiro*, e, se este constitui uma parte da soberania territorial em geral, chama-se *província* (no sentido que os romanos davam a esta palavra); a qual, posto que não constitui uma parte coligada ao império (*imperii*) como *sede* dos concidadãos, mas apenas uma *possessão* da mesma como uma *residência inferior*, tem de venerar o solo do Estado dominante enquanto terra natal (*regio domina*).

// 1) O *súdito* (considerado também como cidadão) tem o direito de emigrar, pois o Estado não poderia retê-lo como propriedade sua. Entretanto, ele só pode levar seus bens móveis, não os imóveis – o que ocorreria se estivesse autorizado a vender a terra que até então possuía e a levar consigo o dinheiro da venda.

2) O senhor de terras tem o direito de favorecer a *imigração* e o assentamento de estrangeiros (colonos), ainda que os nativos vejam isso com desconfiança, exceto quando sua propriedade privada do solo não é diminuída.

3) Esse mesmo senhor, no caso do crime de um súdito que torne perniciosa para o Estado toda comunidade dos concidadãos com ele, tem também o direito de *bani-lo* para uma província no estrangeiro onde ele não goze de nenhum direito de cidadão, isto é, ele tem o direito de *deportá-lo*.

4) Também tem o direito de *proscrição* em geral (*ius exilii*), isto é, de enviar o criminoso a um mundo remoto, ou seja, ao estrangeiro em geral (chamado *Elend* <miséria> em alemão antigo), o que, devido ao fato de o senhor das terras negar-lhe toda proteção, significa tanto quanto torná-lo proscrito no interior de suas fronteiras.

§ 51

Os três poderes no Estado, que decorrem do conceito de uma *comunidade política* em geral (*res publica latius dicta*), são apenas relações da vontade unificada do povo que procede *a priori* da razão, e uma ideia pura de um chefe de Estado, que possui realidade prática objetiva. Mas este chefe (o soberano) é até aqui somente um *produto do pensamento* (que representa o povo inteiro), já que ainda falta uma pessoa física que represente o poder público supremo e proporcione a essa ideia eficácia sobre a vontade do povo. A relação do primeiro com a última é, então, concebível de três modos diferentes: ou bem *um* no Estado comanda todos, ou bem *alguns,* que são iguais entre si, reunidos comandam todos os demais, ou bem *todos* juntos comandam cada um e, portanto, também a si mesmos; ou seja, a *forma do Estado* é ou *autocrática,* ou *aristocrática,* ou *democrática*. (A expressão *monárquica,* em vez de autocrática, não é adequada ao conceito que aqui se quer; pois // o *monarca* é aquele que detém o poder *supremo*, mas o *autocrata,* ou o que c*omanda por si mesmo,* é aquele que detém *todo* o poder; este é o soberano, aquele simplesmente o representa.) – Nota-se facilmente que a forma autocrática do Estado é *a mais simples*, isto é, consiste na relação de um (o rei) com o povo, na qual, portanto, apenas um é o legislador. A aristocrática já é *composta* de duas relações, a saber, a dos nobres entre si (como legisladores) para constituir o soberano e, depois, a deste soberano com o povo; mas a democrática é de todas a mais complexa, pois se trata primeiramente de unificar a vontade de todos para, a partir daí, formar um povo, depois unificar aquela dos cidadãos para formar uma comunidade política e, então, pôr à frente dessa comunidade política o soberano, que é ele mesmo essa vontade unificada[10]. No que concerne à *administração* do direito no Estado, a forma mais simples é também certamente a melhor; mas, no que diz respeito ao próprio *direito*, é a mais perigosa para o povo, considerando-se o despotismo a que ela tanto convida. A simplificação é, com efeito, a máxima racional presente no mecanismo de unificação do povo por meio de leis coercitivas: isso ocorre quando todos no povo são passivos e obedecem a um, que está sobre eles; mas com isso não haveria nenhum súdito enquanto *cidadão*. Quanto à promessa com a qual o povo deve contentar-se, a saber, de que a monarquia (aqui, propriamente falando, a autocracia) é a melhor constituição política *quando o monarca é bom* (quer dizer, tem para isso não somente vontade, mas também discernimento), ela pertence aos ditados tautológicos e não diz nada mais do que isso: a melhor constituição é *aquela pela qual* o administrador do Estado se torna o melhor regente, quer dizer, aquela que é a melhor.

§ 52

Seguir os vestígios da *origem histórica* desse mecanismo é *inútil*, ou seja, não se pode remontar ao ponto de início da sociedade civil (pois os selvagens não instituem nenhum instrumento de sua submissão à lei e deve-se concluir já da natureza dos homens rudes que eles a começaram com violência). É punível, porém, iniciar essa investigação com o propósito de // eventualmente mudar com violência a constituição em vigor. Pois essa modificação teria de ocorrer por meio do povo que, para isso, se amotinaria, e não, portanto, por meio da legislação; a insurreição sob uma constituição já existente, contudo, é uma subversão de todas as relações jurídico-civis e, por conseguinte, de todo o direito, ou seja, não é uma mudança na constituição civil, mas a dissolução da mesma, e assim a passagem a uma melhor não é uma metamorfose, mas uma palingênese que exige um novo contrato social, sobre o qual o anterior (agora suprimido) não tem nenhuma influência. – Tem de ser possível ao soberano, porém, mudar a constituição política quando ela não é facilmente conciliável com a ideia do contrato originário, garantindo, todavia, aquela forma que é essencialmente necessária para que o povo constitua um Estado. Ora, esta mudança não pode consistir em que o Estado saia por si mesmo de uma dessas três formas e se constitua em uma das duas restantes: que os aristocratas, por exemplo, coloquem-se de acordo em submeter-se a uma autocracia ou fundir-se em uma democracia, e vice-versa; como se dependesse da livre-escolha e gosto do soberano a qual constituição ele quer submeter o povo. Pois mesmo que ele decidisse mudar para uma democracia, poderia agir injustamente com o povo, porque este poderia detestar essa constituição e achar mais propícia uma das duas restantes.

As formas do Estado representam só a *letra* (*littera*) da legislação originária do estado civil e podem, portanto, subsistir por tanto tempo quanto forem consideradas mediante um costume antigo e longo (portanto, apenas de maneira subjetiva) como necessárias, enquanto pertencentes ao mecanismo da constituição política. Mas o *espírito* daquele contrato originário (*anima pacti originarii*) contém a obrigação do poder constituinte de adequar o *modo de governo* àquela ideia, de transformá-lo – se não puder ocorrer de uma só vez, de maneira gradual e contínua, até que concorde, *quanto a seu efeito*, com a única constituição que é conforme ao direito, a saber, com a constituição de uma república pura – e de conduzir por fim, segundo a letra, a esse resultado, dissolvendo aquelas antigas formas empíricas (estatutárias), que serviam apenas para obter a *submissão* do povo, na forma originária (racional), que toma apenas a *liberdade* como princípio e mesmo como condição de toda *coerção* exigida para a constituição

341 jurídica no sentido próprio do Estado //. – Esta é a única constituição política estável, em que a *lei* comanda por si mesma e não depende de nenhuma pessoa particular; este é o fim último de todo direito público, o único estado em que pode ser atribuído *peremptoriamente* a cada um o seu. Enquanto aquelas formas do Estado, porém, devam representar segundo a letra tantas pessoas morais investidas do poder supremo, somente um direito interno *provisório* pode ser concedido, e não um estado absolutamente jurídico da sociedade civil.

Toda verdadeira república, porém, é e não pode ser nada além do que um *sistema representativo* do povo, para em nome desse e pela união de todos os cidadãos cuidar de seus direitos por meio de seus representantes (deputados). Mas, tão logo um chefe de Estado se faz representar em pessoa (seja o rei, a nobreza ou o povo inteiro, a união democrática), o povo unido não *representa* mais meramente o soberano, mas *é* o próprio soberano; pois nele (no povo) se encontra originariamente o poder supremo do qual têm de ser derivados todos os direitos dos indivíduos enquanto meros súditos (eventualmente enquanto funcionários do Estado), e a república a partir de agora estabelecida não tem mais necessidade de largar as rédeas do governo e devolvê-las novamente aos que antes as conduziam e que poderiam, por arbítrio absoluto, mais uma vez destruir todas as novas instituições.

Foi um grande erro de juízo, portanto, por parte de um poderoso senhor de nosso tempo, querer ajudar a si mesmo a sair de um apuro devido a grandes dívidas públicas transferindo para o povo o assumir e dividir este fardo conforme achasse melhor. Pois caiu naturalmente nas mãos do povo o poder legislativo com respeito não somente à tributação dos súditos, mas também ao governo, a saber, a impedir que este último, mediante desperdício ou guerra, fizesse novas dívidas: o poder soberano do monarca, por conseguinte, desapareceu por completo (não foi apenas suspenso) e passou ao povo, a cuja vontade legisladora foi agora submetido o meu e o seu de cada súdito. Também não se pode dizer que com isso teria de ser admitida uma promessa tácita, e ainda assim contratual, da assembleia nacional de não se constituir propriamente como // soberania, mas apenas de administrar os assuntos desta e, depois de cumprida a tarefa, entregar novamente ao monarca as rédeas do regimento; pois um tal contrato é em si mesmo nulo e inválido. O direito da legislação suprema na comunidade política não é um direito alienável, mas o mais pessoal de todos os direitos. Quem o tem pode dispor do povo apenas pela vontade coletiva deste, mas não pode dispor da vontade coletiva mesma, que é o fundamento originário de todos os contratos públicos. Um contrato que obrigasse o povo a restituir de novo seu poder não se aplicaria a ele enquanto poder legislativo e, no entanto, o vincularia, o que é uma contradição segundo a proposição: "ninguém pode servir a dois senhores".

// Segunda seção do direito público

O direito das gentes

§ 53

Os homens que constituem um povo podem ser representados, segundo a analogia da geração, como nativos de um *tronco parental* comum (*congeniti*), ainda que não o sejam; em um sentido intelectual e jurídico, todavia, enquanto nascidos de uma mãe comum (a república), constituem como que uma família (*gens, natio*) cujos membros (cidadãos) são todos de igual condição e não aceitam misturar-se, como plebeus, àqueles que, ao seu lado, desejam viver no estado de natureza, ainda que estes (os selvagens), por seu lado, se considerem superiores em razão da liberdade sem lei que escolheram e formem também povos, mas não estados. O direito dos estados em sua relação mútua [que de modo não totalmente correto é denominado em alemão *Völkerrecht* <direito das gentes>, mas, pelo contrário, deveria chamar-se *Staatenrecht* <direito dos estados> (*ius publicum civitatum*)] é aquele que temos de considerar sob o nome de direito das gentes, no qual um Estado, considerado como pessoa moral, diante de outro Estado em situação de liberdade natural – consequentemente também em estado de guerra permanente –, propõe-se como questão em parte o direito *à* guerra, em parte o direito *na* guerra, em parte o direito de obrigar uns aos outros a saírem desse estado de guerra, e ainda, portanto, uma constituição que funda uma paz duradoura, isto é, o direito *depois* da guerra. A única diferença entre o direito no estado de natureza, relativo aos indivíduos ou famílias (em relação mútua), e aquele dos povos entre si reside em que no direito das gentes não se considera apenas uma relação de um Estado com outro em sua totalidade, mas também a relação entre as pessoas individuais de um Estado com as // de outro, assim como a relação com outro Estado na totalidade. Entretanto, essa diferença do direito dos indivíduos no simples estado de natureza carece apenas de determinações que se podem inferir facilmente do conceito deste último.

§ 54

Os elementos do direito das gentes são: 1) os estados, considerados em sua relação externa mútua (como selvagens sem lei), encontram-se por natureza em um estado não jurídico; 2) este estado é um *estado* de guerra (do direito do mais forte), embora não de guerra efetiva e agressão efetiva permanente (hostilidade), uma agressão que (enquanto ambos não querem que isso melhore), ainda que nenhum sofra uma injustiça por parte do outro, é em si mesma injusta em sumo grau, e da qual os estados, que são vizinhos entre si, estão obrigados a sair; 3) uma federação de nações segundo a ideia de um contrato social originário é necessária para evitar que elas se imiscuam mutuamente em seus conflitos domésticos, mas também para protegerem-se dos ataques externos; 4) a união, todavia, não deveria conter nenhum poder soberano (como em uma constituição civil), mas apenas uma associação (confederação), uma *aliança* que pode ser rompida a qualquer momento e que, portanto, precisa ser renovada de tempos em tempos – um direito *in subsidium* de um outro direito originário para defenderem-se mutuamente de cair em estado de guerra efetiva (*foedus Amphictyonum*).

§ 55

Com aquele direito originário dos estados livres de fazer a guerra mutuamente no estado de natureza (para fundar um estado semelhante ao jurídico) surge inicialmente a questão: Que direito tem o Estado, *em relação a seus próprios súditos*, de os utilizar na guerra contra outros estados, de empregar nisso seus bens e até sua vida, ou de colocá-los em risco, de tal modo que não dependa do seu próprio juízo se querem ou não ir para a guerra, mas que a ela possa enviá-los a ordem suprema do soberano?

Esse direito parece poder provar-se facilmente, a saber, a partir do direito de fazer com o que é seu (propriedade) o que se quiser. O que alguém // *fez*, porém, quanto à substância, sobre isso tem ele uma propriedade indiscutível. Eis aqui, portanto, a dedução, tal como a formularia um simples jurista.

Em um país há muitos *produtos naturais* que, no que diz respeito à *quantidade* de um certo tipo, têm de ser considerados simultaneamente como *produtos artificiais* (*artefacta*) do Estado, pois o país não os produziria em tal quantidade se não houvesse um Estado e um governo ordenado e poderoso, e os seus habitantes estivessem no estado de natureza. – No país em que vivo, se não houvesse para isso um governo que assegura aos habitantes sua aquisição e posse, não se encontrariam, ou se encontrariam pouquíssimas, galinhas domésticas (o tipo mais útil de aves de criação), ovelhas, porcos, animais bovinos etc., devido seja à falta de alimentos, seja aos animais predatórios. – O mesmo vale também para o número de homens que, como nos desertos da América – mesmo se lhes atribuirmos o máximo empenho (que eles não têm) –, só pode ser reduzido. Os habitantes estariam muito pouco dispersos, porque nenhum deles poderia, junto com seus criados, espalhar-se muito em um solo que sempre está em perigo de ser devastado por homens, selvagens ou feras, portanto não se encontraria alimento suficiente para uma quantidade tão elevada de homens como a que vive agora em um país. – Portanto, assim como se diz das plantas (por exemplo, as batatas) e dos animais domésticos, posto que são um produto dos homens quanto à quantidade, que podem ser utilizados, consumidos e destruídos (mortos), parece que se pode então dizer também do poder supremo do Estado, do soberano, que ele tem o direito de mandar para a guerra seus súditos, que em grande parte são seu próprio produto, como que para uma caçada, e enviá-los a uma batalha como se fosse a uma excursão.

Esse fundamento jurídico (que pode, supostamente, ocorrer ao monarca de modo obscuro) é certamente válido no que diz respeito aos animais, que podem ser uma *propriedade* do homem, mas não pode absolutamente ser aplicado ao homem, sobretudo como cidadão, o qual tem de ser sempre considerado como membro colegislador no Estado (não simplesmente como meio, mas também concomitantemente como fim em si mesmo) e, portanto, tem de dar seu livre consentimento, por meio de seus representantes, // não só à guerra em geral, mas também a cada declaração de guerra em particular. Somente sob esta condição restritiva pode o Estado dele dispor para esse perigoso serviço.

Teremos de derivar esse direito, pois, do *dever* do soberano para com o povo (não o inverso), motivo pelo qual este último tem de ser considerado como se tivesse votado pela guerra, condição em que o povo, ainda que passivo (deixa que disponham de si), é também ativo e representa o soberano ele mesmo.

§ 56

No estado de natureza dos estados, o *direito à guerra* (a hostilidades) é a forma permitida pela qual um Estado persegue, por sua própria *força*, seu direito contra outro Estado, a saber, quando ele se crê lesado por este; porque nessa situação isso não pode ocorrer por meio de um *processo* (como o único meio pelo qual as discórdias são resolvidas no estado jurídico). – Além da violação ativa (a primeira agressão, que é diferente da primeira hostilidade), existe a *ameaça*. A esta pertence ou um *preparativo militar* já iniciado, no qual se fundamenta o direito de *prevenção* (*ius praeventionis*), ou também simplesmente o aumento *ameaçador* do *poder* (*potentia tremenda*) de um outro Estado (por aquisição de terras). Esta é uma lesão aos menos poderosos pelo mero *estado de coisas*, anterior a todo *feito* dos *mais poderosos*, e no estado de natureza esse ataque é, sem dúvida, conforme ao direito. Aqui se fundamenta, portanto, o direito ao equilíbrio de todos os estados que afetam ativamente uns aos outros.

À violação ativa, que concede um *direito à guerra*, pertence a *retaliação* (*retorsio*), reparação que um povo toma para si, pela ofensa feita pelo povo de outro Estado, sem procurar uma restituição por parte do outro Estado (por caminhos pacíficos). Há aí, segundo a forma, uma semelhança com a eclosão da guerra sem prévia revogação da paz (*declaração de guerra*), pois, quando se quer encontrar um direito no estado de guerra, tem-se de supor algo análogo a um contrato, a saber, a *aceitação* da declaração da outra parte de que ambas querem buscar seu direito desse modo.

// § 57

No direito das gentes, o *direito na guerra* é precisamente aquilo em que se encontra a maior dificuldade para fazer disso um conceito, e para pensar uma lei nesse estado privado de lei (*inter arma silent leges*), sem contradizer a si mesmo. Tal lei, pois, teria de ser a seguinte: conduzir a guerra segundo princípios tais que permaneça sempre possível sair daquele estado de natureza dos estados (em relação externa uns com os outros) e ingressar em um estado jurídico.

Nenhuma guerra entre estados independentes pode ser uma *guerra punitiva* (*bellum punitivum*). Com efeito, o castigo encontra lugar apenas na relação entre um superior (*imperantis*) e o subordinado (*subditum*), relação que não é aquela dos estados entre si. – Mas também não seria uma *guerra de extermínio* (*bellum internecinum*) nem de *subjugação* (*bellum subiugatorium*), que constituiria a aniquilação moral de um Estado (cujo povo, então, ou se fundiria numa massa com o povo vencedor, ou cairia na escravidão). Não porque este meio necessário do Estado, para obter o estado de paz, contradiga em si o direito de um Estado, mas porque a ideia do direito das gentes contém em si somente o conceito de um antagonismo segundo princípios da liberdade externa, a fim de conservar o que é seu sem implicar, todavia, um modo de adquirir que possa ser ameaçador para um Estado pelo aumento do poder de outro.

Todos os tipos de meios de defesa são permitidos ao Estado contra o qual se faz guerra, exceto aqueles cujo uso tornaria os súditos do mesmo incapazes de ser cidadãos, pois nesse caso ele se tornaria ao mesmo tempo incapaz de valer, na relação entre os estados segundo o direito das gentes, como uma pessoa (que seria participante com outros de direitos iguais). A estes últimos meios pertencem os seguintes: fazer uso de seus próprios súditos como espiões; fazer uso destes e também de estrangeiros como assassinos traiçoeiros, envenenadores (classe à qual bem poderiam pertencer também os chamados atiradores, que espreitam os indivíduos em emboscadas), ou ainda somente para espalhar notícias falsas; em uma palavra, servir-se desses meios pérfidos que aniquilam a confiança necessária para a futura instituição de uma paz duradoura.

Na guerra é permitido exigir abastecimento e contribuições ao inimigo vencido, mas não saquear o povo, isto é, extorquir das pessoas particulares o seu (pois isso seria roubo, visto que não o povo vencido, mas o Estado sob cujo domínio ele se encontrava conduziu à guerra *por meio dele*). As *requisições*, contudo, devem ser efetuadas em troca de recibos, a fim de repartir proporcionalmente a carga imposta ao país ou à província durante a paz subsequente.

§ 58

O *direito depois da guerra*, isto é, no momento do tratado de paz e em vista das consequências daquela, consiste no seguinte: o vencedor coloca as condições sob as quais costumam-se fazer tratados para entrar em acordo com o vencido e chegar à conclusão da paz, e certamente não conforme a um pretenso direito que caberia ao vencedor em virtude da suposta lesão causada pelo seu adversário, mas porque deixa de lado essa questão, apoiando-se em sua força. Por isso o vencedor não pode exigir a restituição dos gastos da guerra, pois então teria de considerar como injusta a guerra de seu adversário, e, ainda que pense neste argumento, não deve invocá-lo, porque nesse caso ele declararia uma guerra punitiva e cometeria com isso um novo agravo. A isso pertence também a troca de prisioneiros (sem pedir resgate), independentemente da igualdade numérica.

O Estado vencido ou seus súditos não perdem a liberdade civil mediante a conquista do país, como se, aquele sendo rebaixado a colônia, estes fossem rebaixados a escravos, pois senão teria sido uma guerra punitiva, que é em si mesma contraditória. – Uma *colônia* ou província é um povo que certamente tem sua própria constituição, sua legislação e seu território, e no qual são meros estrangeiros os pertencentes a outro Estado, ainda que este possua sobre aquele o supremo poder *executivo*. Este último se denomina metrópole. O Estado tutelado será dominado por aquele, mas governará por si mesmo (por seu próprio parlamento, eventualmente sob a presidência de um vice-rei) (*civitas hybrida*). Esse foi o caso de *Atenas*, em sua relação com as diferentes ilhas, e este é, atualmente, o caso da Grã-Bretanha com respeito à Irlanda.

Da subjugação de um povo pela guerra não se pode derivar, tampouco, a *escravidão* e sua legitimidade, porque para // isso teria de ser admitida uma guerra punitiva. Menos ainda se pode derivar uma escravidão hereditária, que é totalmente absurda, porque a culpa do crime cometido por alguém não pode ser herdada.

Que também a *anistia* esteja vinculada ao acordo de paz já se encontra no conceito do mesmo.

§ 59

O *direito de paz* é: 1) o de estar em paz quando há guerra na vizinhança, ou *direito de neutralidade*; 2) o de poder assegurar a continuação da paz estipulada, isto é, direito de *garantia*; 3) o direito a uma *aliança* mútua (confederação) entre diversos Estados, para *defenderem-se* em conjunto contra todo eventual ataque, externo ou interno, desde que não se trate de uma federação para ataque e expansão interna.

§ *60*

O direito de um Estado diante de um *inimigo injusto* não tem limites (certamente quanto à qualidade, mas não quanto à quantidade, ou seja, quanto ao grau), isto é, não é permitido ao Estado prejudicado servir-se de *todos* os meios para defender o seu, mas apenas daqueles que são admissíveis na medida em que ele tem forças para isso. – Ora, mas o que é um *inimigo injusto* segundo os conceitos do direito das gentes, em que, como em geral no estado de natureza, cada Estado é juiz em causa própria? É aquele cuja vontade publicamente expressa (seja por palavras ou por atos) denota uma máxima segundo a qual, se ela fosse convertida em regra universal, não seria possível nenhum estado de paz entre os povos, mas teria de ser perpetuado o estado de natureza. Tal é o caso da violação dos contratos públicos, que se pode pressupor como concernente a todos os povos cuja liberdade é com isso ameaçada e que se sentem por isso provocados a unir-se contra tal abuso e tomar do inimigo o poder para isso – *não dividindo o seu país*, contudo, para, por assim dizer, fazer um Estado desaparecer da Terra, pois isto seria injustiça contra o povo, que não pode perder o direito originário de unir-se em uma república, mas sim para fazê-lo admitir uma nova constituição que seja, segundo sua natureza, de inclinação contrária à guerra.

De resto, é *pleonástica* a expressão "um inimigo injusto no // estado de natureza", porque o estado de natureza é ele mesmo um estado de injustiça. Um inimigo justo seria aquele ao qual fosse injusto de minha parte resistir, mas neste caso ele não seria de fato meu inimigo.

§ 61

Dado que o estado de natureza é, tanto para os povos como para os indivíduos, um estado do qual se deve sair para ingressar em um estado legal, então todo direito dos povos, e todo o meu e seu exterior dos estados passível de ser adquirido ou conservado através da guerra, é, antes desse acontecimento, meramente *provisório* e apenas em uma união universal dos *estados* (análoga àquela pela qual um povo se torna Estado) pode passar a valer *peremptoriamente* e tornar-se um verdadeiro *estado de paz*. Visto, porém, que com a extensão demasiado grande de um tal Estado de nações por vastas regiões acaba por tornar-se impossível o próprio governo e, portanto, também a proteção de cada membro, e visto que uma quantidade de tais corporações conduz novamente a um estado de guerra, então a paz perpétua (o objetivo último de todo o direito das gentes) é certamente uma ideia irrealizável. No entanto, embora os princípios políticos que tendem a esse fim, a saber, realizar tais alianças entre os estados, na medida em que servem para a *aproximação* contínua do estado de paz perpétua, não sejam certamente realizáveis, essa aproximação, enquanto tarefa fundada no dever e, portanto, também no direito dos homens e dos estados, é realizável.

Uma tal união de alguns *estados* para conservar a paz pode ser denominada *congresso permanente dos estados*, ao qual cada Estado vizinho segue tendo a liberdade de associar-se. Este congresso (ao menos no que concerne às formalidades do direito das gentes em vista da conservação da paz) realizou-se na primeira metade deste século na Assembleia dos Estados Gerais em Haia, onde os ministros da maior parte das cortes europeias, e mesmo das menores repúblicas, traziam suas queixas sobre os ataques que uns haviam recebido dos outros, concebendo assim a Europa inteira como um único Estado federado que eles admitiam como, por assim dizer, um árbitro naqueles seus conflitos públicos. No lugar disso, porém, o direito das gentes subsistiu depois unicamente nos livros, desaparecendo dos gabinetes ou sendo confiado, uma vez já exercida a violência, à obscuridade dos arquivos em forma de deduções.

351 // Sob o termo *congresso* entende-se aqui unicamente uma reunião arbitrária de diversos estados, que pode ser dissolvida em qualquer momento, e não uma união que (como a dos estados americanos) esteja fundada em uma constituição política e seja, portanto, indissolúvel. Somente por meio de tal congresso pode ser realizada a ideia de instaurar um direito público das gentes que decide seus conflitos de modo civil, como por um processo, e não de um modo bárbaro (ao modo dos selvagens), a saber, mediante a guerra.

352 // **Terceira seção do direito público**

O direito cosmopolita

§ 62

Essa ideia da razão de uma comunidade *pacífica* completa, ainda que não amistosa, de todos os povos da terra que podem estabelecer relações efetivas entre si, não é algo filantrópico (ético), mas um princípio *jurídico*. A natureza encerrou-os todos em limites determinados (em virtude da forma esférica da sua morada, como *globus terraqueus*) e, posto que a posse do solo sobre o qual pode viver o habitante da terra só pode ser pensada como posse da parte de um determinado todo, portanto como parte a que cada um deles tem direito originariamente, então todos os povos encontram-se *originariamente* em uma comunidade originária do solo – não, porém, em uma comunidade *jurídica* da posse (*communio*) e, portanto, do uso ou propriedade do mesmo, mas em uma comunidade de possível *ação recíproca* física (*commercium*), quer dizer, em uma relação completa de um com todos os outros que consiste em oferecer-se para o comércio mútuo. Os povos têm o direito de fazer essa tentativa, sem que por isso o estrangeiro seja autorizado a tratá-los como a um inimigo. – Este direito, na medida em que conduz à possível união de todos os povos com vistas a certas leis universais de seu possível comércio, pode ser denominado direito *cosmopolita* (*ius cosmopoliticum*).

Pode parecer que os mares colocam os povos fora de toda comunidade de uns com os outros, mas, por meio da navegação, eles são as disposições naturais mais favoráveis para o comércio dos povos, que pode ser tanto mais vivo quanto mais *costas* próximas entre si houver (como as do Mediterrâneo). // Entretanto, a frequentação das costas, e também a colonização das mesmas para ligá-las à terra natal, dá simultaneamente ocasião para que o mal e a violência praticados em um lugar de nosso globo sejam sentidos também em todos os demais. Esse possível abuso, porém, não pode suspender o direito do cidadão da

Terra de *buscar* a comunidade com todos e de, para esse fim, *visitar* todas as regiões, ainda que não seja este um direito de *assentamento sobre* o solo de outro povo (*ius incolatus*), para o que se requer um contrato particular.

Mas pergunta-se: É permitido a um povo tentar, em terras recém-descobertas, a tomada de posse e o *assentamento* na vizinhança de outro povo (*accolatus*), o qual já tomou lugar em tal região, mesmo sem seu consentimento?

Se a instalação ocorre a tal distância do território do primeiro que nenhum deles prejudica o outro no uso de seu solo, o direito a ele é indubitável. Mas se são povos de pastores ou caçadores (como os hotentotes, os tungues e a maioria das nações americanas) cujo sustento depende de grandes extensões de terra despovoadas, isso não se poderia fazer pela força, mas apenas por contrato e, mesmo assim, sem utilizar a ignorância daqueles habitantes com relação à cessão de tais porções de terra. Embora sejam aparentemente suficientes as justificativas de que uma tal violência se dê em benefício do mundo, em parte pela cultura dos povos rudes (como o pretexto pelo qual o próprio Büsching quer desculpar a sangrenta introdução da religião cristã na Alemanha), em parte para purificar seu próprio país dos homens corrompidos e melhorar os mesmos ou seus descendentes em outra parte do mundo (como na Nova Holanda), todos esses propósitos pretensamente bons são incapazes de lavar as manchas da injustiça dos meios utilizados para tal. – Contra isso se objeta que, com tais escrúpulos para começar a fundar um Estado legal pela força, a Terra inteira estaria talvez ainda em um Estado sem lei: essa objeção, ainda assim, é tão pouco capaz de suprimir aquela condição jurídica como também aquele pretexto dos revolucionários do Estado de que, quando as constituições são más, compete ao povo reformá-las à força e, em geral, ser injusto de uma vez por todas, para depois fundar a justiça com segurança e fazê-la florescer.

// * * *

Conclusão

Se alguém não consegue provar que uma coisa é, pode tentar provar que não é. Se nenhuma das duas dá certo (o que acontece com frequência), ele pode então perguntar-se se lhe interessa admitir uma ou outra (por meio de uma hipótese), seja do ponto de vista teórico seja do prático, isto é, ou para esclarecer um determinado fenômeno (como, por exemplo, a retrogradação e a paralisação dos planetas para o astrônomo), ou para atingir um determinado fim que, por seu turno, pode ser pragmático (mero fim técnico) ou moral, caso em que a própria máxima de colocar-se este fim é um dever. É evidente por si mesmo: a *admissão* (*suppositio*) da possibilidade de realizar esse fim, que é um juízo meramente teórico e, portanto, ainda problemático, não se torna aqui um dever, pois não há obrigação relativa a isso (acreditar em algo). Aquilo a que somos obrigados por um dever é, isto sim, a ação conforme à ideia desse fim, mesmo que seja mínima a probabilidade teórica de que ele possa ser realizado, não podendo porém ser demonstrada, do mesmo modo, a sua impossibilidade.

Assim, a razão prático-moral exprime em nós o seu *veto* irrevogável: *não deve haver guerra alguma* – nem entre mim e você no estado de natureza, nem entre nós como estados que, embora se encontrem internamente em estado jurídico, externamente (na relação de uns com os outros) vivem num Estado sem leis –, pois esse não é o modo pelo qual cada um deve buscar o seu direito. Já não se coloca, portanto, a questão de saber se a paz perpétua é uma coisa real ou uma quimera e, se nos enganamos em nosso juízo teórico ao admitir a primeira possibilidade, nós temos de agir como se ela fosse o que talvez não seja, trabalhar pelo seu estabelecimento e lutar por aquela constituição que nos parece a mais conforme a isso (talvez o republicanismo de todos os estados, tomados conjunta e separadamente), a mais conforme a assim realizar a paz perpétua e pôr um fim à desastrosa prática de guerra que até hoje serviu de fim supremo a todos os estados, que, sem exceção, a isso conformaram as suas instituições internas. E ainda que este último ponto, que diz respeito ao cumprimento desse propósito, // permaneça um desejo piedoso, ainda assim não nos enganamos por certo com a admissão da máxima de trabalhar incansavelmente por isso, pois esta última é um dever. Tomar a lei moral em nós mesmos como enganosa, porém, produziria o repulsivo desejo de preferir dispensar-se de toda razão e ver-se lançado, segundo seus próprios princípios, num mesmo mecanismo da natureza com as demais classes de animais.

Pode-se dizer que essa instituição universal e duradoura da paz não é apenas uma parte, mas constitui o fim terminal <*Endzweck*> total da Doutrina do Direito nos limites da simples razão, pois o estado de paz é o único estado que assegura, sob leis, o meu e o seu em um conjunto de homens avizinhados, portanto unidos numa constituição cuja regra, porém, não deve ser extraída, enquanto norma para outrem, da experiência daqueles que tenham tido as melhores condições até aqui, mas sim *a priori*, por meio da razão, do ideal de uma união jurídica dos homens sob leis públicas em geral. Pois todos os exemplos (que apenas esclarecem, mas nada provam) são enganosos e exigem, portanto, uma metafísica cuja necessidade aqueles que dela zombam confirmam inadvertidamente ao dizer, por exemplo – e eles o fazem com frequência –, que "a melhor constituição é aquela em que as leis, e não os homens, são dententoras do poder". Pois o que pode ser mais sublime, metafisicamente, do que essa ideia mesma, que tem contudo, de acordo com a própria afirmação deles, a mais objetiva realidade? Uma realidade que se deixa apresentar com facilidade, mesmo em casos concretos, e – desde que não seja perseguida e levada a efeito de maneira revolucionária por meio de um salto, isto é, por meio da derrubada violenta de uma constituição defeituosa até então vigente (pois neste caso haveria um instante de negação de toda condição jurídica), mas sim por meio de uma reforma gradativa segundo princípios estritos – é a única que pode conduzir, por aproximação contínua, ao fim político supremo, a paz perpétua.

// **Apêndice**

Observações explicativas aos Primeiros Princípios Metafísicos da Doutrina do Direito

A motivação para escrever estas observações se deve, em grande medida, à recensão deste livro publicada no *Diário de Göttingen*, n. 28, de 18 de fevereiro de 1797, e feita com discernimento e profundidade, mas também com simpatia e a "esperança de que esses *Primeiros princípios* permaneçam um ganho para a ciência". Eu pretendo tomá-la aqui como fio condutor para a minha análise e também para alguns acréscimos ao sistema.

* * *

Já no começo da Introdução à *Doutrina do Direito*, meu perspicaz recenseador depara-se com uma definição. – O que é a *faculdade de apetição*? Ela é, diz o texto, a faculdade de ser causa de objetos por meio da representação dos mesmos. – A essa definição se objeta "que ela se reduz a nada quando se faz abstração das condições externas da consequência da apetição. – Mas a faculdade de apetição também é algo para o idealista, embora o mundo exterior nada seja para ele". *Resposta*: Mas não há também um anseio impetuoso e, ao mesmo tempo, conscientemente vão (por exemplo: Deus gostaria que tal homem vivesse ainda!), que é de fato ineficaz, mas não sem consequências, e opera poderosamente não sobre coisas externas, mas sim na interioridade do sujeito (torna-o doente)? Um apetite como *esforço* (*nisus*) de ser *causa* por meio de suas representações, mesmo que o sujeito perceba a insuficiência destas últimas para o efeito pretendido, é sempre causalidade, ao menos na interioridade do mesmo. – O que // gera aqui o mal-entendido é que, dado que a consciência de sua capacidade *em geral* (no caso em questão) é ao mesmo tempo a consciência de sua *incapacidade* com vistas ao mundo exterior, a definição não se aplica ao idealista, enquanto que, por tratar-se aqui apenas da relação em geral de uma causa (a representação) a um efeito (o sentimento), a causalidade da representação (seja externa ou interna), com vistas a seu objeto, tem de ser pensada inevitavelmente no conceito da faculdade de apetição.

1
Preparação lógica para um conceito de direito recentemente proposto

Se os filósofos do direito querem elevar-se, ou atrever-se a elevar-se até aos primeiros princípios metafísicos da Doutrina do Direito (sem os quais toda a sua ciência jurídica seria meramente estatutária), então eles não podem despreocupar-se quanto à certeza da completude de sua *divisão* dos conceitos jurídicos, pois do contrário essa ciência não seria um *sistema da razão*, mas um mero agregado fortuito. A *tópica* dos princípios tem de ser completa com vistas à forma do sistema, isto é, tem de ser indicado o *lugar* para um conceito (*locus communis*) que, segundo a forma sintética da divisão, está disponível para ele: pode-se mostrar também, em seguida, que este ou aquele conceito, que se quisesse colocar nesse lugar, é em si autocontraditório e tem de ser retirado daí.

Os juristas estabeleceram até hoje dois lugares-comuns: o do direito *real* e o do direito *pessoal*. Dado que dois lugares permanecem ainda abertos, segundo a mera forma da ligação de ambos em um conceito, como membros da divisão *a priori* – a saber, de um como direito real de tipo pessoal, e de outro, do mesmo modo, como direito pessoal de tipo real –, é natural que se pergunte se este novo conceito também seria lícito e se, apesar de apenas problemático, teria de ser encontrado disponível na tábua completa da divisão. Quanto a este último ponto, não há qualquer dúvida. Pois a divisão meramente lógica (que abstrai o conteúdo do conhecimento – o objeto) é sempre uma *dicotomia*, de modo que, por exemplo, todo direito é ou um direito real ou um não real. A divisão aqui em questão, porém, // que é a metafísica, pode ser também uma tetracomia, pois além dos dois membros simples da divisão há ainda duas relações, a saber, aquelas que correspondem às condições restritivas do direito, sob as quais um direito entra em relação com o outro e cuja possibilidade requer uma investigação particular. – O conceito de *um direito real de tipo pessoal* se deixa excluir sem maiores considerações, pois não se pode pensar um direito de uma coisa em relação a uma pessoa. É de perguntar-se, porém, se a inversão dessa relação seria igualmente impensável ou se este conceito, de *um direito pessoal de tipo real*, não seria não apenas desprovido de contradição interna, mas por si mesmo um conceito necessário (dado *a priori* na razão), pertencente ao conceito do meu e seu exteriores e pelo qual se pode *possuir* as pessoas como se fossem coisas, e assim proceder em diversas relações, ainda que não, por certo, no sentido de *tratá-las* como coisas em todos os aspectos.

2
Justificação do conceito de um direito pessoal de tipo real

A definição, pois, de um direito pessoal de tipo real, em poucas palavras, é a seguinte: "é o direito de alguém de ter uma *pessoa*, que não ele mesmo, como *sua*"[11]. É *intencionalmente* que eu digo: uma *pessoa*. Pois também se pode ter como seu um outro *homem*, que por meio de um crime tenha perdido sua personalidade (tornou-se escravo), mas este direito real não está aqui em questão.

Se aquele conceito, pois, de algo "como novo fenômeno no céu jurídico" é uma *stella mirabilis* (um fenômeno que cresce até tornar-se estrela de primeira grandeza, algo // nunca antes visto, mas que gradativamente desaparece de novo, para talvez novamente aparecer) ou uma mera estrela cadente, é algo que será agora investigado.

3
Exemplos

Ter algo externo como seu significa possuí-lo juridicamente. Posse, porém, é a condição de possibilidade do uso. Se essa condição for pensada meramente como física, então a posse se chama *detenção*. – Somente a detenção conforme ao direito não basta, certamente, para que o objeto seja considerado ou tornado meu. Se eu, porém, por qualquer razão que seja, estou autorizado a solicitar a detenção de um objeto que se extraviou ou foi arrancado de meu poder, então esse conceito jurídico é um sinal (como o efeito de uma causa) de que eu me considero autorizado a tratá-lo como *meu*, mas também a lidar com ele como se estivesse em sua posse *inteligível* e assim utilizá-lo.

O "seu" não significa aqui, certamente, aquele da propriedade da pessoa de um outro (pois nenhum homem pode ser proprietário nem de si mesmo, muito menos de uma outra pessoa), mas sim o "seu" do usufruto (*ius utendi fruendi*), em que posso fazer uso imediato dessa pessoa, enquanto meio para meu fim, *como* se ela fosse uma coisa – sem, no entanto, afetar a sua personalidade.

Tal fim, porém, enquanto condição da conformidade do uso ao direito, tem de ser moralmente necessário. O homem não pode desejar a mulher com o intuito de *desfrutá-la* como uma coisa, isto é, de sentir prazer imediato na mera comunhão animal com ela, nem pode a mulher entregar-se a ele, sem que ambos renunciem à sua personalidade (coabitação carnal ou animal) – em nenhum dos casos se está sob a condição do *casamento*, que, como entrega recíproca de uma pessoa à posse da outra, tem de ter sido firmado *antes* de modo a não desumanizar-se por meio do uso corporal que uma parte faz da outra.

Sem essa condição, a fruição carnal é, segundo o princípio (se não segundo o efeito), *canibalesca*. Se algo é consumido com a boca e os dentes, se a parte feminina é consumida pela gravidez e pelo parto, eventualmente mortal para ela, e se a parte masculina o é pelo // esgotamento, resultante das frequentes exigências da mulher em relação a suas faculdades sexuais, a única diferença entre eles diz respeito ao modo de fruir, e uma parte é para a outra, de fato, uma coisa utilizável nesse uso recíproco dos órgãos sexuais. Assim, converter-se em coisa por meio de um contrato faria deste um contrato ilegítimo (*pactum turpe*).

Do mesmo modo, o homem não pode gerar com a mulher nenhum filho, como seu produto comum (*res artificialis*), sem que ambas as partes contraiam frente a este e entre si a *obrigação* de mantê-lo, o que é também a aquisição de alguém *como se fosse* uma coisa, mas somente quanto à forma (adequada a um mero direito pessoal de tipo real). Os pais[12] têm um direito frente a todo possuidor do filho que o tenha retirado de seu poder (*ius in re*) e, simultaneamente, o direito de forçar o filho a todas as prestações e à execução de todas as suas ordens que não sejam contrárias a uma liberdade possível e legítima (*ius ad rem*), tendo também, consequentemente, um direito pessoal frente ao mesmo.

Se alcançada a maioridade, por fim, o dever dos pais de manter seus filhos cessa, aqueles ainda têm o direito de empregá-los – como membros da casa submetidos a suas ordens –, para a manutenção da comunidade doméstica, até sua emancipação; o que consiste em um dever dos pais para com esses, resultante da limitação natural do direito dos primeiros. Até esse momento, os filhos são certamente membros da casa e pertencem à *família*, mas a partir de então pertencem à *criadagem* (*famulatus*) da mesma e não podem, portanto, senão por meio de contrato, associar-se (como seus domésticos) ao seu do chefe da família. – Da mesma maneira, a criadagem de *fora da família* pode ser agregada ao seu do chefe da família segundo um direito pessoal de tipo real e adquirida, mediante contrato, como criados (*famulatus domesticus*). Um tal contrato não é o de uma simples *prestação de serviço* (*locatio conductio operae*), mas o da entrega de sua pessoa à posse do chefe da família, um *aluguel* (*locatio conductio personae*) que difere daquela *prestação de serviço* na qual o criado se presta a *tudo que é permitido* no que diz respeito ao bem da comunidade doméstica, não lhe sendo // imposto um trabalho encomendado e especificamente determinado. Aquele que foi contratado para um trabalho determinado (artesão ou trabalhador por dia), ao contrário, não se entrega ao seu do outro e não é, portanto, membro da casa. – O chefe da família não pode *apoderar-se* (*via facti*) deste último como de uma coisa porque este não está sob a sua posse jurídica, o que lhe obriga a determinadas prestações mesmo que ele more em sua casa (*inquilinus*) – ele tem de requerer as prestações do que foi prometido segundo o direito pessoal, que lhe está à disposição por meios jurídicos (*via iuris*). – Isso basta para a explicação e a defesa de um título jurídico, estranho e novo na doutrina da lei natural, que, no entanto, sempre esteve implicitamente em uso.

4
Sobre a confusão do direito real com o direito pessoal

Além disso, foi-me criticada, como heterodoxia no direito natural privado, também a proposição: a *compra rompe a locação* (Doutrina do Direito § 31, p. 129 [VI 290]).

Que alguém possa notificar o locatário da rescisão da locação antes do término do tempo de habitação combinado, e possa portanto, ao que parece, romper sua promessa frente a este – se ele o fizer no tempo usual da mudança, no prazo previsto pela lei civil –, parece ser, à primeira vista, contrário a todos os direitos de um contrato. – Se, no entanto, for possível provar que o locatário, ao fazer seu contrato de locação, sabia ou devia saber que a promessa feita pelo locador, enquanto proprietário, estava naturalmente ligada (sem que ela precise ter sido expressamente dita no contrato), e portanto implícita, à condição *de que este não deveria vender sua casa nesse período* (ou que não teria de entregá-la a seus credores, em caso de falência), então o locador não rompeu sua promessa, já em si condicionada segundo a razão, e o locatário não foi lesado em seu direito pelo fato de a locação ter sido rescindida antes do prazo.

// Pois o direito deste último, procedente do contrato de locação, é um direito *pessoal* àquilo que uma certa pessoa tem de prestar a outra (*ius ad rem*), mas não um direito *real* frente a todo possuidor da coisa (*ius in re*).

Ora, o inquilino podia muito bem assegurar-se em seu *contrato de locação* e conseguir um direito real a casa: quer dizer, ele podia *inscrever* (registrar juridicamente) esse contrato apenas quanto à casa do locador enquanto ligada ao solo, de modo que ele não poderia ser excluído da locação antes do prazo acordado por nenhuma rescisão da parte do proprietário, nem mesmo devido à morte deste (a natural ou também a civil, a bancarrota). Se ele não o fez, talvez porque queria estar livre para a alugar ulteriormente em melhores condições, ou porque o proprietário não queria fazer pesar sobre sua casa tal ônus, pode-se concluir daí que os dois estavam conscientes de ter fechado um contrato tacitamente condicionado do ponto de vista do tempo de rescisão (excetuando o prazo determinado civilmente para ela), o qual poderia ser dissolvido de novo segundo sua conveniência. Aquilo que confirma a autorização de romper o aluguel através da venda mostra-se também em certas consequências jurídicas oriundas de um tal contrato *nu* de locação, pois não se exige dos herdeiros do inquilino, quando este está morto, a obrigação de continuar com o aluguel: esta é apenas a obrigação para com uma certa pessoa, e termina com a sua morte (situação na qual, entretanto, o prazo legal de rescisão tem de ser sempre levado em conta). Tampouco o direito do inquilino, enquanto tal, pode passar a seus herdeiros sem um contrato particular, assim como ele não está autorizado, durante a vida de ambas as partes, a estabelecer nenhuma *sublocação* sem um acordo explícito.

5
Adendo para a discussão dos conceitos do direito penal

A mera ideia de uma constituição política entre os homens já conduz ao conceito de uma justiça penal que incumbe ao poder supremo. Questiona-se apenas se os tipos de penas são indiferentes ao legislador quando servem apenas como meio para extirpar o crime (enquanto violação da segurança do Estado na posse do seu de cada um), ou se também se terá de levar em conta o respeito à humanidade na pessoa do // delinquente (isto é, pela espécie), e isso por razões certamente jurídicas, na medida em que considero o *ius talionis*, segundo a forma, como a única ideia determinante *a priori*, enquanto princípio do direito penal (não extraída da experiência de quais seriam os meios mais eficazes para este propósito)[13]. – Mas como proceder com as penas em delitos que não permitem *réplica* alguma, visto que esta seria ou impossível em si mesmas ou um crime punível contra a *humanidade* em geral, como no caso do estupro, por exemplo, e igualmente na pederastia ou bestialidade? Os dois primeiros deveriam ser punidos com a castração (como a dos eunucos brancos ou negros no serralho), o último com a expulsão para sempre da sociedade civil, posto que o delinquente se fez a si mesmo indigno da sociedade humana. – *Per quod quis peccat, per idem punitur et idem.* – Os delitos mencionados são chamados de antinaturais porque são praticados contra a humanidade mesma. – Impor-lhes penas *arbitrariamente* é literalmente contrário ao conceito de uma *justiça penal*. Somente assim o criminoso não pode queixar-se de que ocorre com ele uma injustiça, pois sua maldade reverte-se contra ele mesmo e lhe sucede o que tem feito a outros – não segundo a letra, mas conforme o espírito da lei penal.

6
O direito de usucapião

"O direito de *usucapião* (*Usucapio*), segundo as p. 131ss. [VI 291ss.], deve ser fundado pelo direito natural. Pois, se não se admitisse que por // uma posse de boa-fé se funda uma *aquisição ideal*, como aqui ela é denominada, então nenhuma aquisição estaria peremptoriamente assegurada (mas o Sr. Kant admite, mesmo no estado de natureza, uma aquisição unicamente provisória e, por isso, insiste na necessidade jurídica da constituição civil. – Eu, porém, afirmo-me como possuidor de boa-fé apenas perante quem não pode provar que era *possuidor de boa-fé* da mesma coisa antes de mim, e não deixou de sê-lo por sua vontade)". – Aqui não se trata disso, mas sim de se posso me *afirmar* como proprietário mesmo no caso de um pretendente apresentar-se como verdadeiro proprietário *anterior* da coisa, sendo *absolutamente* impossível, no entanto, a averiguação da sua existência como possuidor e seu estado de posse como proprietário – o que ocorre quando este não ofereceu por si mesmo nenhum sinal publicamente válido de sua posse ininterrupta (seja por sua própria culpa ou também sem ela), por exemplo pela inscrição nos registros ou pelo incontestável direito a voto como proprietário nas assembleias civis.

Pois a questão aqui é: Quem deve provar sua aquisição legítima? Essa obrigação (*onus probandi*) não pode ser imputada ao possuidor, pois, até onde alcança sua história constatada, ele está em posse da coisa. O suposto proprietário anterior, durante um intervalo de tempo no qual não oferece nenhum sinal civilmente válido de sua propriedade, está, segundo princípios jurídicos, totalmente separado da série de possuidores sucessivos. Esta omissão de qualquer ato público de posse o torna um pretendente sem título. (Pelo contrário, diz-se aqui como na teologia: *conservatio est continua creatio.*) Se aparecesse um pretendente até agora desconhecido, mesmo que provido de documentos descobertos posteriormente, ainda assim prevaleceria aí a dúvida de se não poderia apresentar-se um dia um outro pretendente ainda mais antigo e que conseguisse fundamentar suas pretensões em uma posse anterior. – De nada importa aqui a *extensão de tempo* da posse para por fim *adquirir* a coisa (*acquirere per usucapionem*). Pois não há nenhum sentido em admitir que algo injusto torne-se em seguida, devido à sua longa duração, um direito. O *uso* (por prolongado que seja) pressupõe o direito à // coisa: é um engano que este deva fundar-se naquele. Portanto, o *usucapião* (*usucapio*) como *aquisição* pelo uso prolongado de uma coisa é um conceito contraditório em si mesmo. A *prescrição* das pretensões, enquanto *modo de conservação* (*conservatio possessionis meae per praescriptionem*), não o é menos, mas é um conceito distinto do anterior no que se refere ao argumento da apropriação. Ele é, com efeito, um fundamento negativo, isto é, o total *não uso* de seu direito – nem mesmo daquele que é necessário para manifestar-se como possuidor –, o que é considerado uma *renúncia* ao mesmo (*derelictio*) e, portanto, um ato jurídico, ou seja, o uso de seu direito perante um outro para adquirir o seu objeto, excluindo-o de suas pretensões (*per praescriptionem*) – o que contém uma contradição.

Eu adquiro, portanto, sem produzir prova alguma e sem nenhum ato jurídico:

não necessito provar, mas adquiro por lei (*lege*). O que acontece então? A liberação *pública* em relação às pretensões, isto é, a *segurança legal de minha posse* pelo fato de que não tenho de produzir a prova e me baseio em uma posse ininterrupta. Mas que no estado de natureza toda *aquisição* seja meramente provisória, isso não tem qualquer influência sobre a questão da segurança da *posse* do adquirido, que tem que preceder àquela.

7
Da herança

No que diz respeito ao direito de herança, desta vez o senhor recenseador abandonou a argúcia com que costuma encontrar o essencial nas provas de minhas afirmações. – Eu não digo na p. 135 [VI 294] "que cada homem aceita necessariamente toda *coisa* a ele *oferecida*, aceitação através da qual ele só tem a ganhar e nada tem a perder" (posto que não existem tais coisas), mas digo que cada um realmente aceita sempre, inevitável e tacitamente, embora de modo válido, o *direito da oferta* no instante em que ela é feita: a saber, quando a natureza da coisa implica que a retratação seja absolutamente impossível, isto é, no instante da sua morte. Pois então o promitente não pode retratar-se e o promissário, sem ter de praticar nenhum ato jurídico, é nesse mesmo momento aceitante não da herança prometida, mas do // direito de aceitá-la ou recusá-la. Nesse instante, ao abrir o testamento, ele vê que se tornou mais rico do que era antes da aceitação da herança, pois adquiriu exclusivamente a *prerrogativa de aceitar*, o que já é condição de riqueza. – Que aqui se pressuponha um estado civil para fazer de algo o *seu* de um *outro* quando já não se viva mais,

366

esta passagem de propriedade da mão do morto não muda nada em relação à possibilidade da aquisição segundo princípios universais do direito natural, ainda que uma constituição civil tenha de ser posta como fundamento da aplicação de tais princípios aos casos que aparecem. – Uma coisa, pois, cuja aceitação ou recusa, sem condição, depende da minha livre-escolha, chama-se *res iacens*. Se o proprietário de uma coisa me oferece algo de graça (promete que será meu), por exemplo um móvel da casa de que estou prestes a me mudar, tenho o direito exclusivo de aceitar o oferecido (*ius in re iacente*) enquanto ele não se retratar (o que, caso ele morra, é impossível), isto é, apenas eu posso aceitá-lo ou recusá-lo conforme me aprouver: e eu não adquiro este direito exclusivo de escolher por meio de um ato jurídico particular, em que eu declarasse querer que esse direito me pertencesse, mas sim sem um tal ato (*lege*). – Eu posso, portanto, declarar que quero que *a coisa não deva me pertencer* (porque esta aceitação poderia trazer-me desgostos com outros), mas não posso querer ter exclusivamente a escolha de que *ela deva ou não me pertencer,* pois esse direito (de aceitar ou recusar) eu tenho imediatamente pela oferta, sem qualquer declaração de minha aceitação. Se eu pudesse recusar ter a escolha, eu escolheria não escolher, o que é uma contradição. Eu recebo esse direito de escolha, pois, no instante da morte do testador, por cujo testamento (*institutio heredis*) não adquiro certamente nada de seus haveres e bens, mas sim a posse *meramente jurídica* (inteligível) desses haveres ou de uma parte dos mesmos, a cuja aceitação posso renunciar em benefício de outros. Essa posse, portanto, não é interrompida em nenhum momento, mas a sucessão, como uma série contínua, passa do moribundo ao herdeiro instituído por meio da sua aceitação. Assim fica assegurada contra toda dúvida a proposição: *testamenta sunt iuris naturae*.

// 8
Do direito do Estado relativamente às fundações de caráter perpétuo em favor de seus súditos

Fundação (*sanctio testamentaria beneficii perpetui*) é a instituição beneficente estabelecida voluntariamente, e sancionada pelo Estado, em favor de certos membros deste que se sucedem até sua completa extinção. – Ela é *perpétua* quando o decreto relativo à sua manutenção está ligado à constituição do próprio Estado (pois o Estado tem de ser considerado perpétuo), mas sua beneficência é destinada ou ao *povo* em geral ou a uma parte deste, unida segundo certos princípios particulares, ou a um *estamento social*, ou a uma *família* e a perpétua continuidade de seus descendentes. Um exemplo do primeiro caso são os *hospitais*, do segundo as *igrejas*, do terceiro as *ordens* (religiosas e seculares), e do quarto os morgados.

Dessas corporações e de seu *direito* de sucessão se diz que não podem ser revogados porque se tornaram, por meio de *testamento*, propriedade do herdeiro instituído, e suprimir tal constituição (*corpus mysticum*) seria o mesmo que tomar de alguém o seu.

A

A instituição beneficente em favor dos pobres, inválidos e enfermos, fundada sobre os recursos do Estado (em fundações e hospitais), não pode por certo ser abolida. Todavia, se o espírito, e não a letra, da vontade do testador deve ter preferência, então podem muito bem ocorrer circunstâncias que aconselham suprimir uma tal fundação, ao menos quanto à sua forma. – Dessa maneira descobriu-se o seguinte: o pobre e o enfermo (exceto aqueles do manicômio) recebem um cuidado melhor e mais barato se o auxílio é a eles concedido por meio de uma determinada soma de dinheiro (proporcional às necessidades do momento), com a qual ele pode instalar-se onde quiser – na casa de parentes ou conhecidos –, em vez de destinar para isso instituições excelentes com um pessoal dispendioso – como no hospital de *Greenwich* –, mas que limitam muito a liberdade. – Nesse caso não se pode dizer que o Estado toma o seu do povo, que tem o direito de desfrutar dessa fundação, mas, pelo contrário, que ele o promove na medida em que escolhe os meios mais sábios para a sua conservação.

// B

O clero que não se reproduz carnalmente (o católico) possui, com a proteção do Estado, terras e súditos atados a elas que pertencem a um Estado espiritual (chamado Igreja) a que os laicos, para a salvação de suas almas, entregaram-se por testamento como sua propriedade, de modo que esse clero, enquanto estamento particular, tem domínios que podem ser transmitidos de uma época a outra de maneira conforme à lei e que são suficientemente documentados por bulas papais. – Pode-se admitir, então, que essa relação dos clérigos com os laicos possa ser diretamente subtraída aos primeiros pela onipotência do Estado laico? Não seria isso equivalente a tomar o seu de alguém pela força, como tentam fazer os descrentes da república francesa?

A questão aqui é se a Igreja pode pertencer ao Estado ou o Estado à Igreja como o seu, porque dois poderes supremos não podem, sem contradição, ser reciprocamente subordinados. – Que somente a *primeira constituição* (*politico-hierarchica*) possa subsistir por si mesma é em si *claro*, pois toda constituição civil é *deste* mundo na medida em que é um poder terreno (dos homens) que se deixa documentar, com suas consequências, na experiência. Os crentes, cujo *reino* está no céu e no *outro mundo*, têm, na medida em que se concede a eles uma constituição que se refere a este mundo (*hierarchico-politica*), de submeter-se aos sofrimentos deste tempo sob o poder supremo dos homens deste mundo. – Somente a primeira constituição, portanto, é efetiva.

A religião (no fenômeno), enquanto fé nos dogmas da Igreja e no poder dos sacerdotes como aristocratas de tal constituição, que pode ser também monárquica (papal), não pode ser nem imposta nem subtraída ao povo por parte de nenhum poder civil, assim como tampouco o cidadão pode ser excluído dos serviços do Estado e das vantagens que dele provêm pelo fato de sua religião ser diferente daquela da corte (como se pratica na Grã-Bretanha em relação à nação irlandesa).

Se, assim, certas almas piedosas e crentes, para tomar parte na graça que a Igreja promete conceder aos crentes mesmo depois de suas mortes, instituem uma fundação de caráter perpétuo pela qual algumas de suas terras, após a sua morte, // tornam-se propriedade da Igreja, e se o Estado jura fidelidade a esta, parcial ou completamente, com vistas à promessa dos servidores da Igreja (os clérigos) de que, por meio de orações, indulgências e expiações, pode-se obter vantagens no outro mundo: tal fundação, supostamente feita para toda a eternidade, não está de modo algum fundada para sempre, podendo o Estado revogar esse ônus, a ele imputado pela Igreja, no momento em que quiser. – Pois a própria Igreja é uma instituição erguida apenas sobre a fé e, se a ilusão contida nessa opinião desaparecer por meio do esclarecimento do povo, cai por terra também o temível poder do clero, nela baseado, e o Estado se apodera com todo o direito da propriedade pretendida pela Igreja, a saber, aquela do solo a ela doado por meio de testamentos. Aos encarregados pela instituição até então existente, no entanto, caberia exigir, de pleno direito, uma indenização pelo resto de suas vidas.

Mesmo as fundações de caráter perpétuo para pobres ou as instuições escolares, na medida em que têm um feitio projetado e determinado segundo a ideia do fundador, não podem ser fundadas para sempre, nem onerar assim um solo. É antes o Estado, pelo contrário, que tem de ser livre para delas dispor conforme as necessidades da época. – Não é de admirar que seja tão difícil realizar essa ideia por toda parte (que os estudantes pobres, por exemplo, tenham de cantar nas ruas, em troca de esmolas, para suprir a insuficiência dos fundos escolares beneficentes): pois aquele que, dotado de boa intenção mas também, ao mesmo tempo, de um certo desejo de glória, institui uma fundação, ele não quer que um outro a modifique segundo seus conceitos, mas que ele mesmo seja imortal através dela. Isso não muda, porém, nem a natureza da questão nem o direito do Estado, e mesmo o seu dever, de reformar toda e qualquer fundação que se apresente como um obstáculo à sua conservação e ao seu progresso em direção ao melhor – donde elas não poderem ser vistas como fundadas para sempre.

C

A nobreza de um país, que não se encontre ele mesmo sob uma constituição aristocrática, mas sim monárquica, pode ser, de fato, uma instituição permitida por um determinado tempo e, sob determinadas condições, necessária. Não se pode absolutamente afirmar, no entanto, que esse estamento // poderia ser fundado para a eternidade, que o chefe de Estado não deveria ter a prerrogativa de suprimir inteiramente esse privilégio estamental, ou ainda que, em ele o fazendo, se pudesse dizer que tomou de um súdito (nobre) o que lhe pertenceria como seu por herança. A nobreza é uma corporação temporária, autorizada pelo Estado, que tem de acomodar-se às circunstâncias da época e não pode violar o direito universal dos homens, já tão longamente suspenso. – Pois a posição do nobre no Estado não apenas depende da própria constituição, mas é tão somente um acidente da mesma, algo que só pode nele existir por inerência (um nobre, de fato, só pode ser assim concebido num Estado, não no estado de natureza). Se o Estado, portanto, modifica sua constituição, então aquele que desse modo perde aquele título e privilégio não pode dizer que lhe tomaram o que era seu, já que isso só era denominado seu sob a condição da continuação dessa forma de Estado. Este último, porém, tem o direito de mudar a sua forma (transformando-se em republicanismo, por exemplo). – As ordens, assim como o privilégio de portar determinadas insígnias da mesma, não conferem, portanto, nenhum direito *perpétuo* a essa posse.

370

D

No que diz respeito, por fim, à *fundação de morgados*, quando um possuidor de bens ordena, em disposição testamentária, que na série de herdeiros sucessivos o mais próximo da família deva ser sempre o senhor dos bens (segundo a analogia com o senhor de terras em um Estado com constituição monárquica hereditária), então tal fundação pode ser suprimida a qualquer momento, independentemente do consentimento de todos os agnatos, e não deve durar continuamente para sempre – como se o direito de herança se vinculasse ao solo –, nem se pode dizer que dissolvê-la seja uma violação da fundação e da vontade de seu primeiro dono, o fundador. Antes o Estado, pelo contrário, tem também aqui o direito, e mesmo o dever, em vista das causas gradativamente responsáveis por sua própria reforma, de não permitir que um tal sistema federativo de seus súditos se restabeleça, como se eles fossem vice-reis (segundo a analogia dos dinastas e sátrapas), quando isso já se extinguiu.

CONCLUSÃO

Com relação às ideias apresentadas sob a rubrica *direito público*, por fim, sobre as quais o senhor recenseador disse não ter espaço suficiente para expressar-se, ele observou ainda o seguinte.
371 "Pelo que // sabemos, nenhum filósofo reconheceu ainda a mais paradoxal de todas as paradoxais proposições: que a mera *ideia* da soberania deve forçar-me a obedecer como meu senhor aquele que como tal se apresenta, sem questionar quem lhe deu o direito de me comandar. E que devem constituir uma e a mesma coisa o reconhecimento da soberania e do soberano, por um lado, e a aceitação, por outro, de que este ou aquele, cuja existência não está de modo algum dada *a priori*, deve valer *a priori* como meu senhor." –

Concedido então o *paradoxo*, eu espero que, numa observação mais minuciosa, ele ao menos não se deixe convencer da *heterodoxia*; ou antes que o recenseador profundo, capaz de julgar com modéstia (aquele que, abstração feita desse primeiro impacto, reconheça nesses "primeiros princípios metafísicos da Doutrina do Direito, tomados em conjunto, um ganho para a ciência"), não se arrependa de defendê-la, como ao menos digna de um segundo exame, contra as desqualificações arrogantes e superficiais de outros recenseadores.

Que aquele que se encontra na posse de um poder maximamente mandatório e legislativo sobre um povo tenha de ser obedecido, e de modo juridicamente incondicionado; que investigar essa sua aquisição apenas quanto ao título, e portanto colocá-la em dúvida, para resistir-lhe caso lhe falte tal título, seja algo punível; que seja um imperativo categórico *obedecer a autoridade que tenha poder sobre nós* (em tudo que não contradiga a moralidade interior): tal é a proposição impactante de que aqui se trata. – Que não apenas esse princípio, porém, que estabelece um fato (a tomada de poder) como condição do direito, mas que mesmo *a mera ideia* da soberania sobre um povo, ao qual pertenço, me obrigue a obedecer, sem investigação prévia, o direito assim constituído (*Doutrina do Direito*, § 49), isso parece indignar a razão do recenseador.

Todo e qualquer fato (evento) é objeto no *fenômeno* (dos sentidos). Aquilo, ao contrário, que só pode ser representado por meio da razão pura, que deve ser contado entre as ideias, aquilo a que não pode ser dado nenhum objeto adequado na experiência, e que é o caso de uma *constituição jurídica* perfeita entre os homens, isso é a coisa em si mesma.

Se existe, então, um povo unificado por meio de leis sob uma autoridade, ele é dado – em conformidade com a ideia de sua unidade *em geral* sob uma vontade suprema dotada de poder – como objeto da experiência, // mas o é, certamente, apenas no fenômeno, isto é, existe uma constituição jurídica no sentido geral da palavra e, ainda que ela possa padecer de grandes deficiências e graves erros, e careça de importantes melhoras graduais, resistir a ela é absolutamente proibido e punível. Pois se o povo se considerasse autorizado a opor a violência a essa constituição, ainda que ela seja defeituosa, e à autoridade suprema, ele se julgaria detentor do direito de colocar a violência no lugar da legislação suprema que prescreve todos os direitos, o que produziria uma vontade suprema que se destrói a si mesma.

A *ideia* de uma constituição política em geral, que é para um tal povo, simultaneamente, um comando absoluto da razão prática, que julga segundo conceitos jurídicos, é *sagrada* e irresistível; e, mesmo que a organização do Estado fosse por si mesma defeituosa, nenhum poder subalterno no Estado poderia opor resistência ativa ao soberano que é seu legislador. Mas os vícios ligados a ele têm de ser suprimidos paulatinamente por reformas realizadas em si mesmo pelo próprio Estado, pois, caso contrário, seguindo a máxima oposta do súdito (a de proceder arbitrariamente), mesmo uma boa constituição só pode vir a existir por meio de cego acaso. – O comando "obedeçam à autoridade que tem poder sobre vocês" não medita sobre como a autoridade chegou a esse poder (para destruí-lo se for preciso), pois a que já existe, e sob a qual vocês vivem, já está em posse da legislação sobre a qual vocês podem, sem dúvida, raciocinar publicamente, mas não se elevar vocês mesmos a legisladores que a contrariem.

A submissão incondicional da vontade do povo (que é em si desunida e, portanto, sem lei) a uma vontade *soberana* (que unifica a todos por meio de uma lei) é um *feito* que só pode começar pela tomada do poder supremo e que funda, assim, pela primeira vez um *direito* público. Permitir ainda uma resistência contra esta plenitude de poder (resistência que limitaria aquele poder supremo) é contradizer-se a si mesmo, visto que então aquele (ao qual seria permitido resistir) não seria o poder legal supremo que determina primeiro o que deve ser publicamente justo ou não – e este princípio já está *a priori* na *ideia* de uma constituição política em geral, isto é, em um conceito da razão prática. E, se é verdade que nenhum exemplo da experiência lhe pode ser *adequadamente* atribuído, ninguém tem de contradizê-lo enquanto norma.

Glossário

Metafísica dos costumes

Absicht: intuito, propósito.
absichtlich: intencionalmente.
Anfangsgründe: primeiros princípios.
Anlage: disposição.
Antrieb: impulso.

beabsichtigen: intentar.
Befugnis: autorização, competência, prerrogativa.
Begierde: apetite, desejo.
Beliebig: fortuito ou, dependendo do contexto, a bel-prazer, à vontade etc.
Bestimmungsgrund: fundamento de determinação.
Beurteilend: ajuizador.
Bewegungsgrund: motivo.

Einsehen: discernir.
Einsicht: discernimento; em alguns casos, "apreender diretamente".

Faktum/Factum: fato.

gebieten: comandar, mandar, ordenar.
Gebot: comando, mandamento.

Gemüt: mente, ânimo.
Gericht: tribunal.
Gerichtshof: corte de justiça, tribunal.
Gesinnung: intenção, disposição.
Grund: fundamento, razão.

Neigung: inclinação.
nötigen: necessitar, forçar.
Nötigung: necessitação.

That: feito, ato, realidade.
Triebfeder: móbil.

Vermögen: faculdade, capacidade, poder, patrimônio, bens (depende do contexto).

wirklich: efetivo, real, efetivamente, realmente, de fato.
Wohlgefallen: satisfação, complacência.
Wohlwollen: benevolência.

Zwang: coerção.
Zwingen: coagir; forçar.

Doutrina do Direito

Abgeordnete: representante.
ableiten: derivar, deduzir.
Acceptant/Akzeptant: aceitante.
Anordnung: disposição.
Ansiedelung: assentamento.
Anspruch: pretensão.
Äussere: exterior.

Beerbung: herança.
Befehl: ordem.
Beherrscher: soberano.
berechtigen: justificar, autorizar.
Besitz: posse.
Besitzer: possuidor.
Besitztum: domínio.
Besitzung: possessão.
Bestrafung: punição.

Der Person nach: em pessoa.
dünkende: putativo.

Ehe: casamento.
Eigenmächtig: arbitrário.
Eintritt: entrada.
Erbschaft: herança.
Erlaubnisgesetz: lei permissiva.

Fleiss: "empenho"; dependendo do contexto, "trabalho".

Gedankending: produto do pensamento.
gemein Wesen: comunidade política; dependendo do contexto, "comunidade".
Geschlechtliche Eigenschaft: atributo sexual.
Gesinde: criado.
Gewalt: em geral, poder; dependendo do contexto, violência ou força.

Habe: haveres.

Handhabung: administração ("do direito", cf. 339) ou tutela ("dos filhos", cf. 281).

Hauswesen: comunidade doméstica.

Herr: senhor.

Herrschergewalt: poder soberano.

in den Zustand zu treten: ingressar no Estado.

Inhaber: detentor.

Inhabung: detenção.

Landesherr: senhor das terras.

Leibeigene: servo.

Leistung: em geral, "prestação"; dependendo do contexto, "cumprimento".

Machthabender: dotado de poder.

Mein/Dein: *meu/seu* (de acordo com a opção de traduzir o pronome da segunda pessoa do singular <*du*> por "você", *dein* é traduzido por "seu").

Menge: em geral, "conjunto"; dependendo do contexto, "quantidade".

Mutterland: terra natal.

natürliche Recht: direito de natureza.

Naturrecht: direito natural.

Niederlassung: colonização.

Oberbefehlshaber: detentor supremo do poder.

Oberhaupt: soberano.

Persönliches Recht auf dingliche Art: direito pessoal de tipo real.

Promissar: promissário.

Promitent: promitente.

Recht/Unrecht: correto/incorreto; dependendo do contexto, "justo"/"injusto".

Recht sprechen: proferir a sentença, sentenciar.

Rechtens: de direito, jurídico.

Rechtfertigen: justificar.

rechtlich: jurídico(a) ou legal, dependendo do contexto.

Rechtmässig: conforme ao direito, legitimamente.

Rechtsgelehrte: jurisconsulto.

Rechtsklugheit: jurisprudência.

Rechtslehrer: jurista.

Rechtspflicht: dever jurídico.

rechtsprechende Gewalt: poder judiciário.

Rechtspruch: veredicto jurídico, veredito.

Rechsterfahren: perito em direito.

Rechtsverwaltung: administração da justiça.

Regent: regente.

Regierer: governante.

Selbstständigkeit: independência.

Staatsrecht: direito político.

Staatsverfassung: constituição política.

Staatsverwalter: administrador do Estado.

Strafe: pena, punição.

Übergabe: transmissão.
Übertragung: transferência, transmissão.

Verdingung: aluguel, prestação de serviços.
Verdingungsvertrag: contrato de locação, contrato de aluguel.
vereinigten Wille: vontade unificada.
Vereinigung: união, unificação.
Verlassenschaft: sucessão.
Verlassung: cessão, abandono.
Verschuldung: falta, delito, demérito.

weltlich: secular; laico.

Zuerkennung: adjudicação.
Zurechnung: imputação.
Zurechnungsfähigkeit: imputabilidade.

Notas

1. "Porro de actuali constructione hic non quaeritur, cum ne possint quidem sensibiles figurae ad rigorem definitionum effingi; sed requiritur cognitio eorum, quibus absolvitur formatio, quae intellectualis quaedam constructio est" (Logo, não se trata aqui de uma construção real, porque as figuras sensíveis perceptíveis não podem ser formadas segundo o rigor da definição, mas é requerido um conhecimento delas, ao qual compete aquela configuração, que é uma construção feita como que pelo entendimento) (C.A. *Hausen*. Elem. Mathes. Pars I, p. 86, A. 1734.

2. Pode-se explicar a sensibilidade pelo elemento subjetivo de nossas representações em geral, pois o entendimento refere primeiramente as representações a um objeto, isto é, ele só *pensa* algo por meio das mesmas. Ora, o elemento subjetivo de nossa representação pode ser do tipo que também possa ser referido a um objeto para o conhecimento do mesmo (segundo a forma ou a matéria, pois no primeiro caso se denomina intuição pura, no segundo sensação). Neste caso, a sensibilidade, como receptividade da representação pensada, é o *sentido*. Ou então o elemento subjetivo da representação não pode, de modo algum, tornar-se *parte constituinte do conhecimento*: porque ele *simplesmente* compreende a relação da representação ao *sujeito* e nada que possa servir ao conhecimento do objeto; então essa receptividade da representação se chama *sentimento*, que compreende o efeito da representação (seja esta sensível ou intelectual) sobre o sujeito e pertence à sensibilidade, ainda

que a representação mesma possa pertencer ao entendimento ou à razão.

3. A *dedução* da divisão de um sistema, isto é, a prova de sua totalidade, como também de sua *continuidade*, a saber, que a passagem dos conceitos divididos aos membros da divisão ocorra na série completa das subdivisões sem nenhum salto (*divisio per saltum*), é uma das condições mais difíceis a serem satisfeitas pelo construtor de um sistema. Também levanta dificuldade a questão sobre o que seria o conceito *supremo dividido* para a divisão entre *correto* e *incorreto* (*aut fas aut nefas*). Trata-se do *ato do livre-arbítrio* em geral. Assim como os mestres de ontologia iniciam do *algo* e do *nada* em primeiro lugar, sem considerar internamente que estes já são membros de uma divisão para a qual falta ainda o conceito dividido, que não pode ser outro senão o conceito de um *objeto* em geral.

4. Nesta passagem, Kant apresenta os termos de origem latina *Legalität* e *Moralität*, e indica entre parênteses os seus equivalentes na etimologia germânica: *Gesetzmässigkeit* e *Sittlichkeit*. Nota-se, com isso, que os termos *Moralität* e *Sittlichkeit* são para Kant equivalentes, donde a tradução de *Sittlichkeit* por "moralidade" nas ocasiões em que o termo aparece [N.R.].

5. Dizer uma falsidade deliberadamente, ainda que apenas de maneira irrefletida, chama-se habitualmente *mentira* (*mendacium*), porque ela pode também prejudicar, ao menos na medida em que quem ingenuamente a repete será ridicularizado pelos demais como um crédulo. Mas no sentido jurídico se quer que só se denomine mentira aquela falsidade que prejudica imediatamente ao outro em seu direito – por exemplo, fechar falsamente um contrato com alguém para dele pegar o seu (*falsiloquium dolosum*). E essa distinção entre conceitos muito aparentados não é infundada, porque na mera explicação do seu pensamento o outro sempre fica livre para entendê-la como quiser,

mesmo se a difamação fundamentada – de que quem fez a explicação é um homem em cuja palavra não se pode acreditar – chegar a ser então próxima da censura de chamá-lo de mentiroso, apenas com dificuldade se distinguindo a linha divisória entre o que pertence ao *Ius* e o que cabe à ética.

6. Não podemos sequer conceber como é possível que *Deus* crie seres livres, pois neste caso, segundo parece, todas as ações futuras dos mesmos, predeterminadas por aquele primeiro ato, estariam contidas na cadeia da necessidade natural e, por conseguinte, não seriam livres. Que esses seres (nós, homens) sejam porém livres, prova-o o imperativo categórico do ponto de vista prático-moral, como por uma decisão soberana da razão, sem que esta possa, contudo, tornar concebível do ponto de vista teórico a possibilidade desta relação de uma causa com um efeito, porque ambos são suprassensíveis. — O que somente se poderia dela exigir aqui é que prove que não há contradição no conceito de uma *criação de seres livres*. E isto pode muito bem acontecer se for mostrado: que a contradição surge somente se, com a categoria de causalidade, a *condição temporal*, inevitável na relação com os objetos dos sentidos (a saber, que o fundamento de um efeito preceda este efeito), é introduzida ao mesmo tempo também na relação do suprassensível com o suprassensível (o que teria realmente de ocorrer, se aquele conceito de causa devesse receber realidade objetiva do ponto de vista teórico); e que a contradição, no entanto, desaparece se do ponto de vista prático-moral e, portanto, não sensível, é utilizada no conceito de criação a categoria pura (sem um esquema a ela subjacente). O jurista filosófico não qualificará essa investigação, que se estende até os primeiros elementos da filosofia transcendental em uma metafísica dos costumes, como sutileza desnecessária, que se perde em uma obscuridade sem fim, se ele refletir sobre a dificuldade do problema a resolver e

também sobre a necessidade de satisfazer neste os princípios jurídicos.

7. Que não se conclua disso, entusiasticamente, o pressentimento de uma vida futura, nem relações invisíveis com almas separadas! Pois trata-se aqui somente da relação puramente moral e jurídica que tem lugar entre os homens também em vida, e na qual eles se encontram enquanto seres inteligíveis na medida em que se *separa logicamente*, ou seja, se *abstrai* tudo o que é físico (pertencente à sua existência no espaço e no tempo). Mas essa relação não permite retirar os homens desta sua natureza e torná-los espíritos, situação em que sentiriam a ofensa de seu caluniador. – Quem depois de cem anos diz falsamente algo ruim a meu respeito já agora me ofende, pois na pura relação jurídica, que é inteiramente intelectual, abstrai-se de todas as condições físicas (do tempo) e o caluniador é tão condenável como se o tivesse feito em minha vida. Ele apenas não o é através de um tribunal criminal, mas sim na medida em que, através da opinião pública e segundo o direito de retaliação, lhe seja acrescentada a mesma perda de honra que causou a um outro. – Mesmo o *plagio* que um autor atribua a um defunto, ainda que não lhe manche a honra, subtrai uma parte dela e é, com razão, punido como lesão ao defunto (roubo do mesmo).

8. Essa distinção, entre o que é injusto apenas *formaliter* e o que é também injusto *materialiter*, tem um uso diverso na doutrina do direito. O inimigo que, ao invés de executar com honestidade a capitulação acordada com a guarnição de uma fortaleza cercada, lhe submete a maus-tratos durante a retirada ou rompe de qualquer outra forma esse contrato, não poderá queixar-se de injustiça se seu adversário lhe aplicar o mesmo golpe quando surgir a oportunidade. Eles agem, porém, de maneira injusta no mais alto grau, porque privam de toda validade o conceito de direito mesmo e, como que conformemente à lei, entregam tudo à violência

selvagem e destroem, deste modo, o direito dos homens em geral.

9. Visto que o *destronamento* de um monarca pode ser concebido também como uma abdicação *voluntária* da coroa, como renúncia ao seu poder com restituição deste ao povo ou ainda como um abandono do poder efetuado sem que se atente contra a pessoa suprema, por meio do que ela seria reconduzida ao estado de pessoa privada, então o crime do povo que forçou esse destronamento tem ao menos o pretexto do *direito de necessidade* (*casus necessitatis*), mas nunca o mínimo direito a punir o soberano pela administração passada. Porque tudo o que ele fez anteriormente, na qualidade de um soberano, tem de ser visto como ocorrido externamente de acordo com a lei, e ele mesmo, considerado como fonte das leis, não pode ser injusto. Dentre todas as atrocidades de uma transformação do Estado por rebelião, o *assassinato* do monarca ainda não é a mais grave, pois pode-se pensar que ele ocorreu devido ao *medo* do povo de que o monarca pudesse, permanecendo vivo, recuperar-se novamente e infligir ao povo a punição merecida – de modo que se trataria não de uma disposição de justiça penal, mas simplesmente de autoconservação. A *execução* formal é o que comove a alma imbuída das ideias do direito humano com um horror que se sente tão logo e tão frequentemente se pense nessa cena, como no destino de Carlos I ou de Luís XVI. Como explicar, contudo, esse sentimento que não é aqui estético (uma compaixão, efeito da imaginação que se põe no lugar da vítima) e sim moral, o sentimento da total inversão de todos os conceitos jurídicos? É considerado como crime o que permanece perpetuamente e nunca pode expiar (*crimen immortale, inexpiabile*), e parece assemelhar-se ao que os teólogos chamam de pecado, o qual não pode ser perdoado nem neste mundo nem no outro. A explicação desse fenômeno do espírito humano parece resultar das seguintes reflexões sobre si mesmo, as quais lançam luz sobre os

princípios do direito político. Qualquer transgressão da lei não pode nem tem de ser explicada de nenhum outro modo senão enquanto originada de uma máxima do criminoso (a de fazer desse crime uma regra), pois, se a derivássemos de um impulso sensível, então ela não seria cometida por ele enquanto um ser *livre* e não poderia ser imputada a ele. É completamente inexplicável, porém, como é possível para o sujeito adotar uma tal máxima contra a proibição da razão legisladora, pois somente os acontecimentos segundo o mecanismo da natureza são passíveis de explicação. Ora, o criminoso pode cometer seu crime segundo a máxima de uma regra adotada como objetiva (como universalmente válida) ou apenas como uma exceção à regra (dispensar-se dela ocasionalmente): no *último* caso *ele apenas se desvia* da lei (ainda que deliberadamente), podendo ao mesmo tempo detestar sua própria transgressão e desejar, sem recusar formalmente obediência à lei, apenas contorná-la; no *primeiro* caso, porém, ele rejeita a autoridade da própria lei, da qual, apesar disso, ele não pode, diante de sua razão, negar a validade, e faz para si mesmo a regra de atuar contra a lei. Sua máxima, portanto, não é oposta à lei meramente *por falta* (*negative*), mas por *infração* (*contrarie*) ou, como se diz, *diametralmente,* como contradição (como que hostil). Até onde discernimos, é impossível que os homens cometam tal crime de maldade formal (totalmente gratuita) e, no entanto, não se pode omiti-lo num sistema da moral (ainda que se trate da mera ideia do mal extremo).

A causa do horror no pensamento da execução formal de um monarca *por seu povo* é, portanto, que o *assassinato* é pensado somente como uma exceção à regra que o povo colocou para si mesmo como máxima, mas a *execução* tem de ser pensada como uma completa *inversão* dos princípios da relação entre o soberano e o povo (este último, que deve sua existência unicamente à legislação do primeiro, torna-se senhor daquele) e, assim, a violência eleva-se com fronte altiva e segundo princípios acima do direito mais sagrado – o que parece ser como um abismo engolindo tudo sem volta, como um suicídio cometido pelo Estado, um crime sem nenhuma expiação. Tem-se, pois, motivo para admitir que a aprovação de tais execuções não procedia realmente de um princípio pretensamente *jurídico*, mas do medo perante a vingança contra o povo por parte de um Estado que pudesse talvez ressurgir algum dia; e que aquela formalidade foi efetuada apenas para dar àquele feito a aparência de punição e, portanto, de *procedimento jurídico* (aparência que o assassinato não teria). Tal mascaramento fracassa, porém, porque uma tal usurpação por parte do povo é ainda pior do que o próprio assassinato, já que contém um princípio que teria de tornar impossível a própria regeneração de um Estado destruído.

10. Não menciono aqui a deturpação desta forma por detentores do poder (a *oligarquia* e a *oclocracia*) que se impõem de maneira ilegítima, nem tampouco as assim chamadas constituições políticas *mistas,* porque isso nos levaria demasiado longe.

11. Eu tampouco digo aqui: ter uma pessoa como minha (com o adjetivo), mas sim como o meu (το *meum*, com o substantivo). Pois eu posso dizer: este é o meu pai, o que descreve apenas minha relação física (a ligação) com ele em geral. Por exemplo: eu tenho um pai. Mas eu não posso dizer: eu tenho a ele como o meu. Mas eu digo: minha esposa, e isso significa uma relação especial, a saber, jurídica, do possuidor com um objeto (ainda que seja uma pessoa) enquanto coisa. Posse (física) é, porém, a condição de possibilidade da administração (*manipulatio*) de algo enquanto uma coisa; ainda que esta tenha ao mesmo tempo de ser tratada como pessoa em uma outra relação.

12. Na grafia alemã se entende pela palavra *Ältern* ‹mais velhos› *Seniores*, mas pela palavra *Eltern* ‹pais› *Parentes*; aquilo que não se pode diferenciar foneticamente é, contudo, muito diferente quanto ao sentido.

13. Em toda punição há algo que humilha o sentimento de honra do acusado (com direito), porque contém uma coerção meramente unilateral e, assim, a sua dignidade de cidadão, enquanto tal, fica suspensa ao menos em um caso particular, posto que ele é submetido a um dever externo ao qual, por seu lado, não pode opor resistência alguma. O homem privilegiado e rico obrigado a pôr a mão no bolso sente mais humilhação por ter de se dobrar à vontade do homem inferior do que pela perda de dinheiro. Dado que o argumento da *punibilidade* é moral (*quia peccatum est*), a *justiça penal* (*iustitia punitiva*) tem de ser distinguida da *prudência moral*, que é meramente *pragmática* (*ne peccetur*) e funda-se sobre a experiência do que opera de modo mais forte para impedir o crime. A *justiça penal* tem na tópica dos conceitos jurídicos um lugar completamente outro, o *locus iusti*, e não o *conducibilis* ou aquilo que é útil para um certo propósito, nem tampouco o do meramente *honesti*, cujo lugar tem de ser buscado na ética.

Vozes de Bolso

- *Assim falava Zaratustra* – Friedrich Nietzsche
- *O príncipe* – Nicolau Maquiavel
- *Confissões* – Santo Agostinho
- *Brasil: nunca mais* – Mitra Arquidiocesana de São Paulo
- *A arte da guerra* – Sun Tzu
- *O conceito de angústia* – Søren Aabye Kierkegaard
- *Manifesto do Partido Comunista* – Friedrich Engels e Karl Marx
- *Imitação de Cristo* – Tomás de Kempis
- *O homem à procura de si mesmo* – Rollo May
- *O existencialismo é um humanismo* – Jean-Paul Sartre
- *Além do bem e do mal* – Friedrich Nietzsche
- *O abolicionismo* – Joaquim Nabuco
- *Filoteia* – São Francisco de Sales
- *Jesus Cristo Libertador* – Leonardo Boff
- *A Cidade de Deus* – Parte I – Santo Agostinho
- *A Cidade de Deus* – Parte II – Santo Agostinho
- *O conceito de ironia constantemente referido a Sócrates* – Søren Aabye Kierkegaard
- *Tratado sobre a clemência* – Sêneca
- *O ente e a essência* – Tomás de Aquino
- *Sobre a potencialidade da alma* – De quantitate animae – Santo Agostinho
- *Sobre a vida feliz* – Santo Agostinho
- *Contra os acadêmicos* – Santo Agostinho
- *A Cidade do Sol* – Tommaso Campanella
- *Crepúsculo dos ídolos ou Como se filosofa com o martelo* – Friedrich Nietzsche
- *A essência da filosofia* – Wilhelm Dilthey
- *Elogio da loucura* – Erasmo de Roterdã
- *Linguagem corporal em 30 minutos* – Monika Matschnig
- *Utopia* – Thomas Morus
- *Do contrato social* – Jean-Jacques Rousseau
- *Discurso sobre a economia política* – Jean-Jacques Rousseau
- *Vontade de potência* – Friedrich Nietzsche
- *A genealogia da moral* – Friedrich Nietzsche
- *O banquete* – Platão
- *Os pensadores originários* – Anaximandro, Parmênides, Heráclito
- *A arte de ter razão* – Arthur Schopenhauer
- *Discurso sobre o método* – René Descartes
- *Que é isto – A filosofia?* – Martin Heidegger
- *Identidade e diferença* – Martin Heidegger
- *Sobre a mentira* – Santo Agostinho
- *Da arte da guerra* – Nicolau Maquiavel

- *Os direitos do homem* – Thomas Paine
- *Sobre a liberdade* – John Stuart Mill
- *Defensor menor* – Marsílio de Pádua
- *Tratado sobre o regime e o governo da cidade de Florença* – J. Savonarola
- *Primeiros princípios metafísicos da Doutrina do Direito* – Immanuel Kant
- *Carta sobre a tolerância* – John Locke
- *A desobediência civil* – Henrry David Thoureau
- *A ideologia alemã* – Karl Marx e Friedrich Engels
- *O Conspirador* – Nicolau Maquiavel
- *Discurso de metafísica* – G.W. Leibniz
- *Segundo Tratado sobre o governo civil e outros escritos* – John Locke
- *Miséria da Filosofia* – Karl Marx
- *Escritos seletos* – Martinho Lutero
- *Escritos seletos* – João Calvino

CATEQUÉTICO PASTORAL

Catequese – Pastoral
Ensino religioso

CULTURAL

Administração – Antropologia – Biografias
Comunicação – Dinâmicas e Jogos
Ecologia e Meio Ambiente – Educação e Pedagogia
Filosofia – História – Letras e Literatura
Obras de referência – Política – Psicologia
Saúde e Nutrição – Serviço Social e Trabalho
Sociologia

TEOLÓGICO ESPIRITUAL

Biografias – Devocionários – Espiritualidade e Mística
Espiritualidade Mariana – Franciscanismo
Autoconhecimento – Liturgia – Obras de referência
Sagrada Escritura e Livros Apócrifos – Teologia

REVISTAS

Concilium – Estudos Bíblicos
Grande Sinal – REB

PRODUTOS SAZONAIS

Folhinha do Sagrado Coração de Jesus
Calendário de mesa do Sagrado Coração de Jesus
Agenda do Sagrado Coração de Jesus
Almanaque Santo Antônio – Agendinha
Diário Vozes – Meditações para o dia a dia
Encontro diário com Deus
Guia Litúrgico

VOZES NOBILIS

Uma linha editorial especial, com importantes autores, alto valor agregado e qualidade superior.

VOZES DE BOLSO

Obras clássicas de Ciências Humanas em formato de bolso.

CADASTRE-SE
www.vozes.com.br

EDITORA VOZES LTDA.
Rua Frei Luís, 100 – Centro – Cep 25689-900 – Petrópolis, RJ
Tel.: (24) 2233-9000 – Fax: (24) 2231-4676 – E-mail: vendas@vozes.com.br

UNIDADES NO BRASIL: Belo Horizonte, MG – Brasília, DF – Campinas, SP – Cuiabá, MT
Curitiba, PR – Fortaleza, CE – Goiânia, GO – Juiz de Fora, MG
Manaus, AM – Petrópolis, RJ – Porto Alegre, RS – Recife, PE – Rio de Janeiro, RJ
Salvador, BA – São Paulo, SP